基金项目：湖南省教育教工委思政项目（14D05）
资　　助：吉首大学马克思主义理论一级学科"少数民族大学生思想政治教育"
　　　　　吉首大学武陵山区发展研究院

西部高校大学生生活观念调查

申绪湘　著

西南交通大学出版社
·成　都·

图书在版编目（CIP）数据

西部高校大学生生活观念调查 / 申绪湘著. 一成都：
西南交通大学出版社，2018.7
ISBN 978-7-5643-6290-4

Ⅰ. ①西… Ⅱ. ①申… Ⅲ. ①大学生 – 学生生活 – 调
查研究 – 西北地区②大学生 – 学生生活 – 调查研究 – 西南
地区 Ⅳ. ①G645.5

中国版本图书馆 CIP 数据核字（2018）第 159063 号

西部高校大学生生活观念调查

申绪湘　著

责任编辑	赵玉婷
封面设计	墨创文化
	西南交通大学出版社
出版发行	（四川省成都市二环路北一段 111 号 西南交通大学创新大厦 21 楼）
发行部电话	028-87600564　028-87600533
邮政编码	610031
网址	http://www.xnjdcbs.com
印刷	四川煤田地质制图印刷厂
成品尺寸	170 mm × 230 mm
印张	11
字数	210 千
版次	2018 年 7 月第 1 版
印次	2018 年 7 月第 1 次
书号	ISBN 978-7-5643-6290-4
定价	58.00 元

自　序

　　近些年，关于大学生思想动态和生活形态的调研成果非常丰富，既有全国性调研，也有聚焦省份或者学校的地方性调研，还有专注于学习情况、就业情况、创业情况、时代精神等的专题调研。这些都为高等教育管理者和高校一线思想政治工作者，提供了诸多有益的参考。

　　然而，对于一位长期工作在西部高校的高等教育管理者而言，在学生工作的实践中，我总感觉上述调研虽然令我获益匪浅，但还不是十分"解渴"，时有共性有余、个性不足之感。为此，这些年我怀着敬畏之情，尝试把目光投入西部大学生的生活观念调查之中，希望以此为更加有针对性地助推西部高校学生思想政治工作更好地开展，尽些绵薄之力。

　　为了开展这项调查，我和我的团队克服了种种困难。但是，这些困难对于我们的调研而言如今已经不在话下。因为，在调查中我们惊喜地发现，西部高校与非西部高校学生群体在生活观念上虽然有不少的趋同，但的确存在不少的差异，包括时间观、学习观、集体观、公德观、公益观、环保观、金钱观、就业观和网络观等等。倘若我们真正正视这些差异，有的放矢，精准施策，应该会对加强和改进西部高校的学生思想政治工作带来事半功倍的效果。

　　当然，导致这些差异产生的原因非常复杂，既有西部经济发展水平整体较东部和中部的落差，也有西部高校高等教育水平与中东部的差距，更有文化、习惯等其他方面的因素。

　　为此，在调查研究中，我有意避开了简单的频数频率统计，始终坚持工作导向，在相关数据的深度挖掘上花费了更多精力，并通过专题建模，力求化简为繁。比如，在西部大学生学习状况、就业观念、网络使用与核心价值观念的关系等方面，以较为翔实的数据揭示其背后的深层次规律；在如何依据专业之外的因素对学生进行学业分类指导、如何根据学生的就业偏好协助学生进行生涯规划、如何根据学生的网络行为特征开展核心价值观教育等问题上，也以扎实可循的数据说话，尽量给人以一目了然之感。

　　尽管如是，我依然深知，由于自己理论水平和实践能力所限，这些调查在个性指导与总体要求紧密结合等方面还有不少的提升空间，也仅仅是一家之言。尤其是，与习近平总书记"因事而化、因时而进、因势而新"的工作要求尚有相当距离。恭请方家批评指正！

申绪湘

目　录

Contents

第一章　绪　论

一、成长背景的变化

这一代大学生成长于改革开放年代，这是一个和平稳定的年代、一个经济大发展的年代，这是一个社会转型的年代，也是一个社会急剧变化的年代。

这里我们只讨论大学生成长过程中可以直接接触到的社会环境，并且在整体的水平加以讨论。

首先是家庭环境。其一，得益于改革开放和经济发展，大部分大学生所在家庭的经济收入水平均有不同程度的提高，在上大学前，家庭几乎不存在温饱问题，家长都尽可能地创造条件让学生专注于学习，而不必去参加生产劳动。从家庭收入来看，根据北京吉六教育咨询中心的调查，35.6%的大学生家庭年收入在 7.2 万元以上，并且受访大学生上大学前家庭所在地 9 成以上为地级城市及以下地区；其二，父母的受教育水平整体提高，具有更强的课业指导能力，能够给予孩子更多的课业指导，这一点在城市尤其明显。

其次是教育条件。政府高度重视教育，教育投入逐年加大，教育条件逐年改善。随着义务教育的普及，家庭经济条件困难的中小学生，其受教育的权利得到了更多的保障，中小学办学条件的变化，在校中小学生具有直观的感受。

再次是文化娱乐条件有所改善。20 世纪 90 年代，电视机逐步普及；进入 21 世纪，网络普及，电脑更多的进入民众家庭。之后，各种文化娱乐设施不断增加，都给中小学生带来了更多的学习与娱乐的机会，也有了更多"接触"社会的机会。

最后是交通的发达。上大学前，学生有更多的机会和条件赴国内外旅游，从而见世界、开眼界。

二、网络塑造新的思考框架

由于物理环境的限制，人并不能完全依靠自身直接接触生活与社会环境来了解世界，更多的是依靠各种大众媒介来了解世界。从传播学的角度，所谓"拟态环境"，也就是大众媒介传播的信息，描绘了一副现实世界的"图景"，并不是现实环境的镜子式的再现，而是传播媒介通过对象征性事件或信息进行选择和加工、重新加以结构化以后向人们提示的环境。

李普曼1922年出版《舆论学》中指出，现代社会变得越来越巨大和复杂化，对超出自己经验以外的事物，人们只能通过各种媒体信息去了解。这样，现代人的行为在很大程度上已经不是对真实的客观环境反应，而成了对大众传播提示的"拟态环境"的反应。简单说，"笔杆子"决定了人们"看"到的世界图景。

扩招前的大学生，了解世界主要依靠书籍、报刊、广播和电视，而且以党报党刊为主，社会开放的氛围有限。

扩招后的大学生，则赶上了互联网普及的年代。互联网本质是一种去中心化的技术，其根本特点是人人都可以发言。在移动互联网时代，这一点更加明显，传统媒体"舆论一律"的局面一去不复返，网络所揭示的"拟态环境"，也与传统媒体揭示的"拟态环境"有了较大的偏差。对以网络为主要新闻来源渠道的大学生而言，同样会形成与布道者不一样的世界图景，并将布道者所说的事实与观点，放到其脑中的世界框架里进行对比和解读。

因此，当大学生面对教育者的教育时，就有了更多的自主思考，有了不同的世界框架，辅导员的思想政治教育工作，变得非常艰巨。

三、新理念呼唤对学生的精确理解

"以学生为中心"是21世纪高等教育发展的共识。"以学生为中心"不是指教师与学生角色、身份、地位的高低之分，而是指教学理念、管理理念、服务理念的转变。具体到学生工作领域，要求学生工作从管理转向服务，管理和服务并重。

（一）提供个性化服务

教育作为一种广义的服务，其产品应该是能为学生提供的教育教学手段，学生则是消费者，无疑应处于中心地位。从这个意义上说，学生是学校的"上帝"，理应得到满意的服务。

学生工作者通过管理提供秩序服务，但学生的成长与发展还需要专业的服务。如学业指导服务、心理健康教育与咨询、职业规划与就业指导等。信息技术的发展使学习资源、学习方式更加丰富多彩，但也为学生的选择带来疑惑——如何根据自身特点和需要来选择学习资源并通过适当方式加以利用？心理健康教育与咨询，毫无疑问属于专业性极强的服务，需要职业资格的准入或者职业水平评价方可进行；职业规划和就业指导，除了教给学生相关的知识，还要结合学生个体情况，给出具体建议。

专业服务需要学生工作者系统掌握相关的专业知识，具备专业能力，但如果不能全面、系统、细致地掌握学生相关的情况，则专业服务可能流于空谈而无法达至学生满意的结果。

（二）个性化的激励

以学生为中心的根本目的是促使不同素质、不同特长的学生扬长补短、各得其所。实现这一目的有效途径是因材施教，关键在于学生的潜能是否得到适当的、充分的开发。

学生的固有素质（即所谓的"材"）是潜能开发的基础。因此，因材施教的过程应该类似于艺术创作的"雕"，而不是"塑"。艺术家用精雕细刻使材的特质和优势得以充分展现，学生工作者的任务在于发现学生的"特质和优势"，发现学生的个性潜能，加以针对性强而具体的激励，使学生尽可能地释放潜能，展示才华。

（三）深入准确理解学生

深入并准确地理解学生，是"以学生为中心"的第一步。要达至预见管理、针对性强的专业服务、个性化的激励、有效的人格魅力影响，学生工作者仅仅了解自己的学生远远不够，必须要比其他教育工作者更加准确地理解学生：他们的优势与弱点，他们的特长与缺陷，他们的喜怒哀乐，他们的习性、情感和追求。惟其如此，才能真正理解他们的身心需要，并且设计特定的教育手段，引导他们通过自身的努力逐步实现自己的目标。

四、重点关注大学生就业观念

（一）就业工作抓手：生活形态与就业观念

大学生就业观念的引导是大学生就业教育的重要方面，但就业观念的引导如何落地并获得实效，一直是困扰学生工作者的一个难题，大学生生活形态与其就业观念之间的关系，将是破解难题的钥匙之一。

当前，大学生就业指导是一项专业性和职业性都比较突出的工作。专业化的工作需要专业的工具、专业的技能支持。个体咨询层面，有很多成熟的工具可以使用，如《霍兰德职业倾向测试量表》《大学生职业倾向测试》《威廉斯创造力倾向测量表》等。生活经历丰富、社会经验比较丰富的学生工作者，还可以根据其丰富的经验，结合不同学生个体的实际情况，给学生非常有价值的建议。但在群体教育和引导方面，现实的就业指导工作侧重在三个方面：就业信息的收集和发布、就业政策的解读和就业指导课程的组织和教学，而目前除了课堂灌输、单向公布、讲座交流等方式进行引导，缺少得力的工具。

有关大学生生活形态与就业观念之间关系的研究，将为大学生群体层面的就业观念引导提供新的工具。社会学中，生活形态（或生活风格、生活方式）是一个人（或团体）生活的方式。这包括了社会关系模式、消费模式、娱乐模式和学习模式。生活形态通常也反映了一个人的态度、价值观或世界观。一个人拥有某种"生活形态"，这意味着他可能是有意识或无意识地从许多组行为当中选择出其中之一。这种选择意味着观念与行为的一致性，特定的行为会反映特定的价值观念，塑造新的态度，因此，提供特定的行为参与机会、更多地传递和展示特定行为及其结果，将有效地改变特定群体的价值观念。

（二）大学生就业观念现状研究

1. 就业观念是大学生就业难的一个重要原因

杨应慧、汪华林认为，观念决定一切。从就业领域来说，大学生的择业观念在深层次上影响着大学生就业，对目前大学生就业中出现的结构性困难有着极为深刻的影响。如何提升大学生就业观念引导的效果，有待深入研究。

2000 年，广东省教育厅的陈大尧认为，就业意识淡薄和择业观不切实阻碍了毕业生的顺利就业，突破的办法是转变大学生的就业观念。

2005 年，郑州大学硕士张建伟认为，"就业观念滞后"是大学生就业难的重要原因（《我国大学生就业问题研究》）；段玉銮认为，"大学生就业观念陈旧，跟不上时代发展的步伐……有相当一部分大学毕业生的就业观念仍然停留在精英教育时代"。（《大学生的就业观与就业观教育》）

孙红永 2007 年的研究认为，大学毕业生失业中的一种是观念性结构失业，"观念性结构失业，是指劳动者的就业观念不正确、对岗位的期望值脱离实际而造成的失业"。背后的原因，是就业观念僵化：一是自我定位不准确，非大城市不去，非大企业、大公司不去，非好职位不去；二是创业意识差。（孙红永，《大学生结构性失业的原因及对策分析》）

迄今为止，大学生就业观念的转变，依旧是高校学生工作的重点和难题。

2. 就业观念调整的两大阶段

从高校自身来说，调整学生的就业观念整体上经历了两大阶段。2008 年以前，主要解决了学生的"专业对口"观和求职过程中"随意"观；毕业生对下基层、去边远艰苦地区、去小企业工作的观念也比较接受，但付诸行动的学生相对较少；2008 年，由于经济危机，导致社会提供的就业机会下降，适逢创新创业大潮兴起，大学兴起了创新创业教育的潮流，开始了从找工作到创造工作的转变。

但创业是一件对各方面的条件要求都比较苛刻的事情，能够成功创业的大学生，毕竟是极少数，大学生的就业观念依然是问题的关键之一，有胆识、有能力创业的大学生，基本不存在找工作难的问题。

3. 生活形态分析是一种广泛使用的服务对象研究分析方法

生活形态法先从人们生活的外部形态入手，分析人们怎样生活、如何花费其时间和金钱、从事哪些活动以及他们对其周围环境所抱有的态度和观点，从而确定对象群体的行为特征与类型归属，便于分类沟通，其优点之一是能够沟通主观与客观。在商业中，生活形态分析是消费者调查中广泛使用的商家锁定特定消费者群体的方法，他们会努力使产品去符合消费者的期待，高明的商家还会根据消费者的生活形态，去创造消费者的期待。

关于大学生生活形态研究，已经有《中国大学生生活形态研究报告》出版，该报告从健康观、情感观、消费观、媒介观、就业观等方面对大学生进行了研究。该报告的就业观部分，对学生的就业观念进行了呈现，而对大学生的行为特征与其形态之间的关系，缺少深入分析。

4. 大学生就业观念引导的实效性、科学性有待提高

综合已有的研究，大学生在如下四个方面的观念需要转变：一是依赖学校和家庭的消极等待观；二是"一次就业定终身"和盲目攀高的求富求稳观；三是狭隘的"专业对口"观；四是择业过程中的"随意"观（不注重求职过程中的个人外在形象）。其相应的建议为：加强形势教育、注重毕业生的心理辅导、树立正确的自我认知模式、加强毕业生的抗挫折教育以培养积极健康的求职心态、培养毕业生正确的公关形象。

大学生就业观念教育已推行十余年，但观念问题仍然存在，与就业观念教育本身不无关系。已有就业观念教育建议的基本特征，可以概括为：思路多，方法少；道理多，方案少。实际工作的实效性、科学性有待进一步提高。

就业观念教育的目的，是基于现有的社会经济需求，引导大学生调整自身认知与定位，在就业模式上，先就业后择业、先攒经验和人脉再跳槽，等等；在就业地域上，面向中西部、面向中小城市；在就业岗位上，面向中小企业、面向各种基层岗位，从而实现理性就业。

根据大学生生活形态与就业观念之间的关系，给出学生具体的生活与学习建议，通过学生行动经验来达到就业观念转变的目的，是提高就业观念教育，引导提高实效性和科学性的有效方法。

五、重点关注网络对大学生信仰的影响

当前，关于网络影响大学生思想政治教育的文章非常多，直接研究信仰的相关文章比较少。在中国知网学术库中，研究网络与大学生思想政治教育的文章数以千计，但以篇名包含"信仰"、摘要中同时包含"大学生"和"网络"搜索，结果只有 45 篇。依据本课题的目的，下面的分析主要基于这 45 篇文献。

第一，着重认为网络对大学生思想产生负面影响，正面影响的研究缺乏。负面影响又集中在两个方面：道德与主流政治信仰。

网络冲击大学生道德信仰。白江源（2010）认为，网络信息的超容量对大学生道德信仰带来了认知上的弱化，网络生活的虚拟性对大学生道德信仰带来了情感上的淡化，网络生活的便捷性对大学生道德信仰带来了意志上的退化，网络生活的自主性对大学生道德信仰带来了行为上的浊化。胡鹏等（2012）亦同样从知、情、意、行四个方面进行了阐述。邢建辉（2008）认为，网络生存方式带来大学生的信任危机，网络生活方式导致大学生的情感冷漠、飘浮，道德信仰价值结构的一元特性与网络信息的价值多元性、信息爆炸性也形成了冲突。

网络对大学生主流政治信仰产生负面影响。谢梅、管安桂（2003）认为，网络带来的危机在于信仰的淡漠和多元化带来的信仰偏差；唐林丽（2007）认为，网络时代大学生的信仰危机表现为：游离于信与不信之间、信仰对象混乱、信仰庸俗化取向明显、信仰行为扭曲。王绍芳（2008）认为，由于网络的开放性使各种价值观、信仰在网络上可以自由交流，造成一些大学生信仰迷失和蜕变；网络文化的垄断性侵袭了大学生的马克思主义信仰；网络文化的不可控性挑战了马克思主义信仰教育的传统舆论环境。

第二，应对网络影响信仰的对策建议偏重理论和布道者角度，缺少从学生角度出发的应对建议。具有代表性的建议有：苗红意、徐建鹏（2007）提出高校信仰教育的特征，从单向式信仰教育转为双向、从被动式灌输向主体性的提问对话转变、由显性向隐性转变，相应的对策为博客交流、虚拟社区互动等；王绍芳（2008）提出教育者应树立平等、引导的观念和信息资源意识，具体对策有加强网络监控、建网站、利用网络进行教学、学生思想调查、与学生沟通等；白江源（2010）提出对策为：主动融进网络，科学利用网络，加强网络监管。

第三，研究方法上，思辨性研究多，实证研究少。现有研究多为定性研究，以思辨性论述为主，侧重于认识论，定量分析稀缺；内容重复，实质意义上的创新点少；现有研究的因果分析的基本模式为：因为网络有某某特点，所以大学生信仰受到某种冲击，缺少分析的结果，导致因和果之间属于两层皮，甚至出现因和果完全无关的情况；从研究者的过程上看，没有区分大学生信仰和大学生信仰教育两个关键概念（前者指大学生信仰的本体内容，后者指大学生思想政治教育工作的一个具体方面）。另外，现有研究只看到网络的负面影响，没有看到网络对大学生信仰可能带来的积极影响。

网络时代，网络对大学生信仰以及对大学生思想政治教育工作的影响，一直是教育工作者研究的热点。但网络和信仰两者都是非常抽象的概念，具有非常丰富的内涵，在不同的语境下，往往具有不同的含义。思辨性的研究，基本都回避了这一问题，但实证研究无法回避这一问题，这也是开展网络对大学生信仰影响实证研究的前提。

第二章　大学生观念分析

一、时间观与时间花费

（一）看重守时，但管理与理念存有差距

学生总体来看能遵守各种时间规定，是当代生活尤其是市场经济商业化生活中非常重要的一个标志，87.6%的学生表明"我对守时的问题非常看重"。

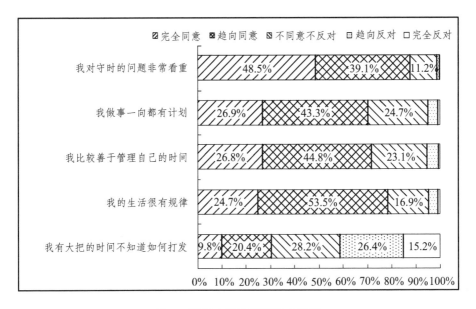

图1　西部大学生时间观念统计

虽然近8成的学生表示自己做事比较或者非常有计划性，比较善于管理个人时间，生活也比较有规律，但总体的比例，与其守时的观念相比，相差

10%～15%，且表示"完全同意"自己处于此状态的学生，至少相差达21.6%，达3成的学生表示自己有大把的时间不知道如何打发。

因此，学生理念上虽然重视"守时"问题，但在充分利用好大学时间方面，理念与实际存在较大的差距。

学校开展相关活动，帮助学生加强时间管理和利用，可以帮助学生进一步提高对时间观念的认识。

（二）学生时间花费特点

1. 学习与社交占一半的时间

从典型周时间花费看，学生一个典型周花费的时间为58.6小时，上课及做实验、自习及做作业、与朋友交往占据了学生时间花费的一半以上，为56%，如图2所示。

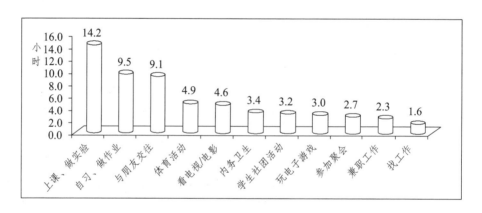

图2　基本时间花费情况

2. 来自独生子女家庭的一年级男生玩电子游戏最多

男生远比女生爱玩电子游戏。男生通常情况下每周玩电子游戏的时间达到了4.4个小时，女生为1个小时。

党员（含预备党员）学生平均每周玩电子游戏2.3小时，非党员学生平均每周玩电子游戏3.1小时，比前者高出0.8小时。

同样，作为家庭独生子女的学生，其周均电子游戏时间达3.6小时，比非独生子女高出1.1小时。

就年级而言，毕业年级学生最能玩，周均达 3.8 小时，比其他年级普遍要高出 1 小时以上。

因此，毕业年级中为独生子女的男生，应为重点辅导对象。

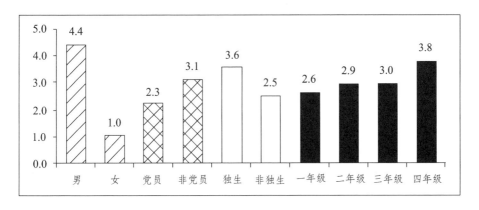

图 3　不同学生群体周均玩电子游戏的时间

3. 休闲娱乐时间超自习时间，体育与影视是最主要的娱乐

总体上，学生休闲娱乐（体育活动、电视电影、电子游戏）每周花费时间 14.8 小时，超过自习时间；体育运动及影视观看是最主要的休闲娱乐方式。

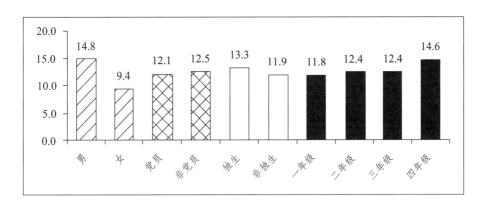

图 4　不同学生群体周均休闲娱乐时间

不同学生群体典型周时间花费如表 1 所示。

表1 西部大学生典型周时间花费

	总体	男生	女生	党员	非党员	独生子女	非独生子女	大一	大二	大三	大四
上课、做实验	14.2	13.4	15.4	14.1	14.3	14.2	14.3	14.8	14.5	14.3	12.0
自习、做作业	9.5	8.8	10.5	10.5	9.4	9.6	9.5	10.0	8.7	10.2	8.8
与朋友交往	9.1	9.1	9.1	9.4	9.1	9.6	8.9	9.8	8.6	8.7	9.3
体育活动	4.9	5.8	3.7	5.2	4.8	5.1	4.7	5.1	4.7	4.6	5.4
看电视/电影	4.6	4.6	4.6	4.6	4.6	4.6	4.7	4.0	4.8	4.9	5.4
内务卫生	3.4	3.4	3.4	3.6	3.4	3.3	3.4	3.4	3.3	3.3	3.9
学生社团活动	3.2	3.4	2.9	3.6	3.1	3.4	3.0	3.7	3.1	2.7	3.2
玩电子游戏	3.0	4.4	1.0	2.3	3.1	3.6	2.5	2.6	2.9	3.0	3.8
参加聚会	2.7	3.1	2.2	3.0	2.7	3.1	2.5	2.6	2.6	2.6	3.6
兼职工作	2.3	2.5	2.1	2.6	2.3	2.2	2.3	2.0	2.2	2.5	3.3
找工作	1.6	1.9	1.1	1.9	1.5	1.5	1.5	1.1	1.3	1.4	3.4
合计	58.6	60.5	56.1	60.7	58.3	60.3	57.4	59.3	56.7	58.0	62.2

（注：几何平均值，单位：小时）

二、学习情况与学习观念

学生的学习观念与学习情况包含的维度非常丰富，从不同角度有不同的解读，为了能够更加直观的了解、展现和比较学生的学习情况，此处使用了北京吉六教育咨询中心的学习指数（最大值为100，无量纲）作为分析的工具，指数的编制情况参见附件说明。

（一）学习状况概览

1. 学习情况总体良好

学生学习指数均值为 73.9，总体良好；从四分位数看，75%的学生的学习指数在 67.1 以上，如表 2 所示。

表 2　学生学习状况概览

	学习 指数	学习 动机	学习 过程	学习 方法	环境 利用	学习 结果
均值	73.9	78.1	63.7	78.6	71.3	74.6
均值的 标准误	0.3	0.3	0.2	0.4	0.4	0.3
标准差	10.2	11.8	18.5	13.7	15.2	11.7
中值	73.8	78.2	64.9	80.0	69.2	75.0
百分位 25	67.1	69.8	50.8	69.4	60.0	66.5
百分位 50	73.8	78.2	64.9	80.0	69.2	75.0
百分位 75	80.7	86.3	77.0	88.1	82.3	82.1

2. 愿望与结果之间落差明显

学生有良好的学习愿望和学习方法（指数均值在 78 以上），但执行不到位，学习过程指数只有 63.7，学习结果也未能达到动机所期望的高度，指数只有 74.6。

3. 学习过程两级分化较大

从指数的标准差来看，学生的学习过程两级分化比较严重一些，标准差达到 18.5，其次是环境利用，标准差达到了 15.2。

（二）学习动机分析

1. 学习目标清晰

约 8 成的受访学生表示清楚（完全清楚和趋向清楚）自己的学习目标，6 成表示清楚自己的专业前景，如图 5 所示。

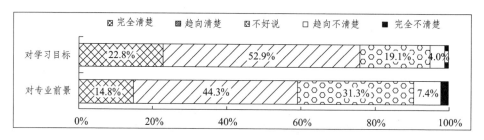

图 5   学生学习目标清晰程度

2. 对学业有很高的自我期许

逾 8 成的学生希望获得学士以上的学位，如图 6 所示。其中，约 4 成的学生希望获得硕士学位，四分之一的学生希望获得博士学位。

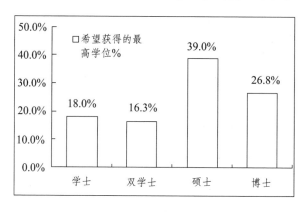

图 6   学生希望获得的最高学位

如图 7 所示，37.6% 的学生对学习成绩要求是达到一等奖学金标准，19.7%

的学生要求是达到二等奖学金标准，16.7%的学生希望达到三等奖学金标准。但也有 26%的学生对学习成绩自我要求比较低，甚至有 7.6%的学生只求别挂科。

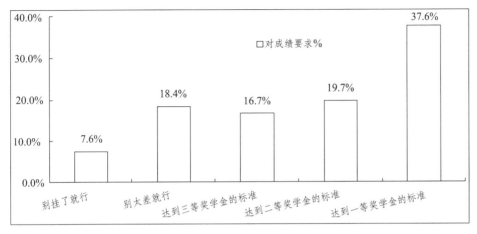

图 7 学生对学习成绩的要求

追求更高的学位可以激励学生努力学习，但有些学生是盲目追求，应加以适当的引导；对少部分只求别挂科的学生，应在学习方面予以重点关注并加以针对性的辅导。

（三）学习过程分析

学生的学习过程，可以从具体的学习行为、带有规划性质的学习行动进行分析，对学习过程的投入程度，可以用学习时间来进行衡量。学习过程指数平均只有 57.2，偏低。

1. 基于学习行为的分析：研究性学习比例低

学生的学习行为情况如表 3 所示，这些行为主要基于学生的主动学习行为进行。其一，是利用学校提供的学习资料进行学习，教材和课堂所能提供的信息毕竟有限，学生必须主动利用资料进行学习，才能真正有所得。但经常利用图书馆和互联网相关资料进行学习的学生，只有 4 成左右；其二，互动学习少，如经常参与课堂讨论、经常进行团队学习和研究、经常向老师请教问题等数据偏低；其三，研究性学习过程缺乏，如参与老师的研究项目、挑战老师的（学术）观点、与同学进行团队项目研究等，"经常"的同学比例，最高只有 21.7%，最低的只有 10.6%。

表3 行为角度的学习过程

（%）	经常	偶尔	从来没有
单独完成某项学习计划	58.1%	39.3%	2.6%
利用互联网进行研究或者做作业	44.9%	50.0%	5.0%
课外与其他同学一起学习	42.9%	53.4%	3.7%
在课外与同学讨论课程内容	40.1%	55.7%	4.2%
利用图书馆藏资料进行研究或者做作业	39.9%	53.2%	6.9%
利用图书馆获取电子文档资料	33.0%	51.9%	15.1%
参与课堂讨论	31.8%	62.6%	5.6%
与同学做团队学习/研究项目	21.7%	54.1%	24.1%
课后向老师请教问题	21.1%	64.0%	14.9%
为其他同学辅导过课程	20.7%	62.7%	16.6%
在课堂上做过小型报告	17.7%	52.3%	30.0%
参与教师的研究项目	13.4%	33.7%	52.8%
在课堂上挑战老师的观点	10.6%	41.8%	47.6%
在课堂上对学习感到厌倦	16.0%	65.5%	18.5%
没能按时完成老师布置的作业	14.2%	46.5%	39.3%
在课堂上睡觉	10.1%	59.5%	30.4%
上课迟到	9.4%	49.6%	41.0%
不论任何原因的逃课	8.8%	35.5%	55.7%

这种研究性学习过程的缺乏，是学生自身的原因，还是学校没能提供足够的机会，有待进一步探索。

其四，相当一部分同学存在学习消极的情况。"经常"有如下情况的同学及其比例：在课堂上对学习感到厌倦（16.0%）、没能按时完成老师布置的作业（14.2%）、在课堂上睡觉（10.1%）、上课迟到（9.4%）、不论任何原因的逃课（8.8%）。

2. 基于学习行动的分析：实用性和知识性学习强于创新性学习

如图 8 所示，42.9% 的学生参加过职业证照或者国家考试，另有四分之一的学生有这方面的计划；超过三分之一的学生参加过本科生研究项目；但是在学术会议上发表论文及修习第二专业学位的学生不足 10%，有此计划的学生，分别只有 16.6% 和 20.7%。

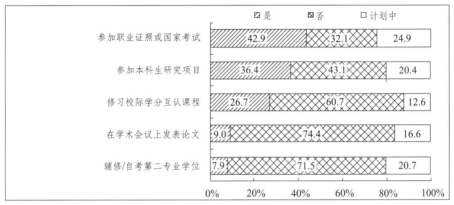

图 8　学习行动角度的学习过程

3. 基于学习时间的分析：投入不足、主动性欠缺、存在"大二现象"

在一个典型的校园生活周中，学生花费在上课和自习方面的时间如图 9、图 10 和图 11 所示。

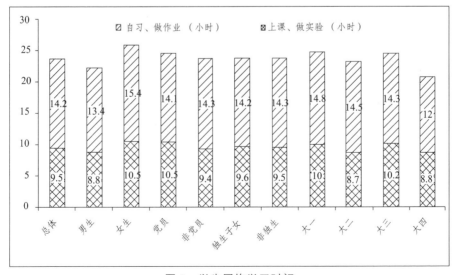

图 9　学生周均学习时间

总体上，学生周均上课（实验）的时间为14.2小时，自习（做作业）的时间为9.5小时，女生比男生平均要多出3.7小时，党员学生比非党员学生学习更加自觉（自习时间高出非党员学生1.1小时），大一和大三的学生学习相对要自觉一些（自习时间至少高出1.2小时）。

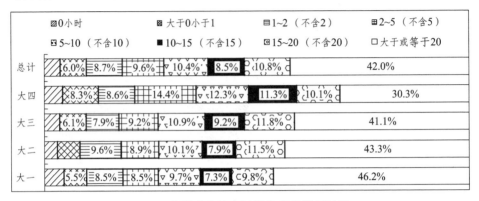

图10 上课（实验）时间角度的学习过程

总体上，42.0%的学生每周上课（实验）时间在20小时以上；自习的时间显著低于上课（实验）的时间，学习的主动性明显不足。

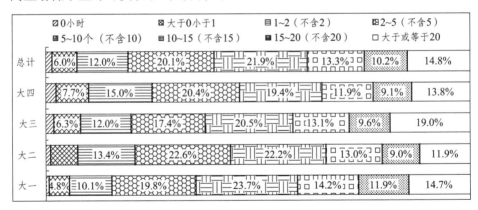

图11 自习时间角度的学习过程

大四学生课程变少，上课（实验）时间减少属于正常现象，但大二学生正是课程负担最重的时期，不仅上课（实验）时间偏少，而且自习时间也偏少，存在熟悉大学生活后的"放松"学习现象。

（四）学习结果分析

学习结果，通过学生自评的方式进行。总体上，学生的学习结果指数为

74.6，相对较高，但还有提升的空间。

1. 基于不及格课程的分析：三分之一的学生挂过科

三分之一的学生不同程度的挂过科，如图 12 所示。其中 3.7% 的学生挂科数在 5 门及以上，存在无法完成学业的危险；2.3% 的学生挂科数为 4 门；挂科 3 门的学生占 3.7%，挂科 2 门的学生占 7.2%，只挂过 1 科的学生比例为 15.9%。

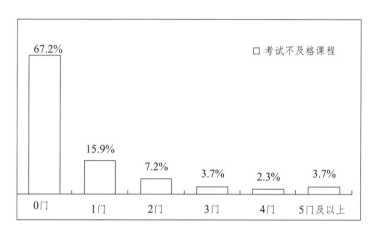

图 12　考试不及格课程数目

2. 知识与能力的纵向评价：学生自我感觉不错

绝大部分学生自认为入学以来，各方面的知识和能力都有增长，如图 13 所示。

专业知识增长的比例相对最大，认为"增长许多"的学生比例为 35.1%，56.2%。

批判性思维能力的增长情况略微弱于专业知识，认为"增长许多"的学生比例为 28.4%，58.5% 的学生表示有所增长。

为毕业/升学准备程度方面，25.8% 的学生表示准备非常充分（增长许多），逾半数的学生表示有所准备（有所增长），但仍然有近 2 成的学生没有什么准备。

24.1% 的受访学生表示自己的人文基础知识增长许多，近 6 成的学生表示有所增长。

让人意外的是，只有约三分之二的学生表示外语能力有增长，2 成的学生认为自己外语能力没有变化，还有 16.9% 的学生表示有所弱化。

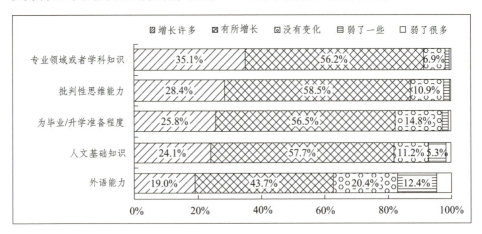

图 13　学习自我评价

3. 知识能力的横向比较：越抽象越容易高估

与平均水平相比，受访学生在下列能力、状态或者水平中，估计自己所处的层次而言，总体上偏乐观；体现了一定的中庸之道，除了个别项目，大部分学生认为自己处于平均水平；越是抽象的项目，学生越容易高估自己的水平，只有很少比例的学生认为自己的水平属于最低的 10%。如图 14 所示。

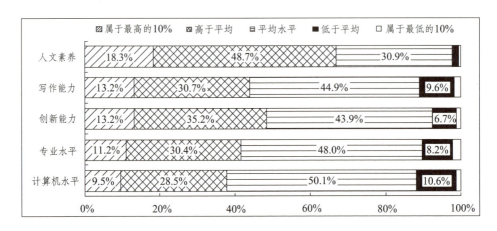

图 14　知识能力的横向比较评价

18.3% 的学生认为自己的人文素养属于最高的 10%，48.7% 的学生认为自己的人文水平高于平均水平，两者合计达三分之二强；

其余项目上，认为自己水平高于平均水平的学生比例均不足一半。其中，认为自己计算机水平属于最高的 10% 的学生不足 10%，高于平均的也只有 28.5%。在信息时代，计算机是重要的生活与生产、工作工具，计算机水平有待进一步提高。

（五）学习观念分析

学生的学习观念调查如图 15 所示。

28.1%的学生完全赞同学习的能力比学习到知识更重要，43.9%的学生趋向赞同学习的能力比学习知识重要。

大部分学生没有太大的学习压力，只有 3% 的学生表示学习压力很大，6.3% 的学生表示压力有点大。

45.9%的学生同意学习成绩不好，前途会更加困难，但也有 3.3% 的学生完全反对这个观念，12.0%的学生趋向反对，认为学习成绩不好，照样有前途。

尽管兴趣是最好的老师，但仍有 26%的学生反对我只学习我感兴趣的东西的观点，学习并不是一件轻松的事情，很多东西属于生活与工作的必需品，作为学生，不得不去学习。

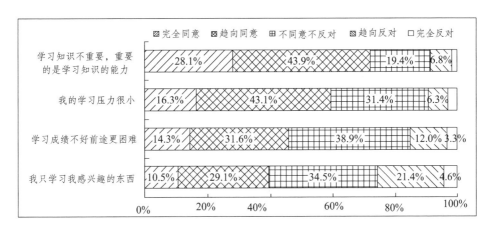

图 15　西部大学生学习观念

（六）学习需求分析

此问题的题干为：毕业前，您还需要加强的知识和能力有哪些？需要的程度如何？结果如图 16、图 17 所示。

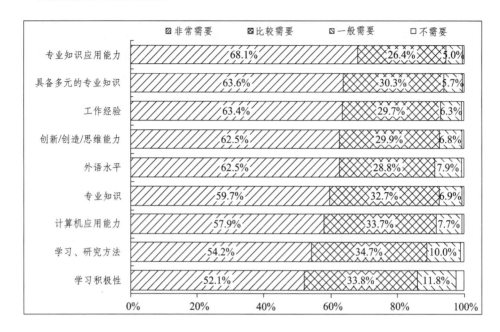

图 16　学生学习需求

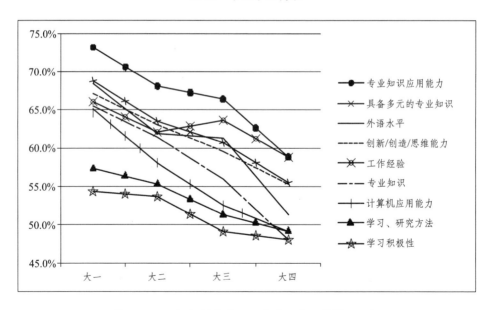

图 17　不同年级学生学习需求（程度：非常需要）

　　总体上，尽管学生对自己入学以来知识和能力的增长情况比较乐观并自我评价非常高，但从需求来看，绝大部分学生都表现出了强烈的学习愿望，希望在毕业前：

加强专业知识应用能力、创新（创造）思维能力、计算机应用能力；具备多元的专业知识、工作经验、学习（研究）方法；提升外语水平和学习积极性。

非常需要的比例从 52.1% 到 68.1% 不等，比较需要的比例，从 26.4% 到 33.8 不等。只考虑"非常需要"的角度，党员和非党员之间、独生子女和非独生子女之间的区别均不明显，但男生和女生之间、年级之间有比较明显的区别。

在非常需要的层面，除了"工作经验"项目大三学生的需要比例高于大二学生外，其余项目均呈现出大一到大四需要程度不断降低的态势，尤其以专业知识应用能力、专业知识和计算机应用能力三者下降的幅度最大。

就性别而言，男生和女生在如下 4 个项目上表现出明显的差别（见图 18，非常需要的比例之差大于 5%）。

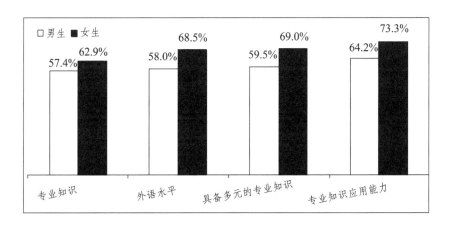

图 18 不同性别学生学习需求差异（非常需要层面）

（七）学习发展建议

学生的学习需求非常强烈，但缺乏引导。如图 16 所示，高达 85.9% 的学生表示自己需要提高学习积极性，与强烈的学习需求矛盾，因此需要引导学生明晰和细化自己的需求，以便学校和教师提供帮助。

学习过程是客观学习方式的具体体现，研究性、参与性学习过程欠缺，并且考核的方式未能反映这种欠缺；因此，需要以多元化学习方式帮助学生主动学习；总体来看，真正实现能力为本，需要帮助学生澄清自我学习需求，为学生提供更多研究性、参与性学习的机会，切实提高学习知识、应用知识的能力。

三、集体观

（一）学生集体观

调查以学生自填的方式衡量其集体（团队）观念，题干为：对于以下说法或行为，您的观点是？如图所示，总体上，主流的集体观念和团队观念深入人心。

81.2%的学生认为自己的集体荣誉感很强；69.3%的学生总是积极参加各种集体活动，64.6%的学生通常将国家和集体利益放在个人利益前面；69.5%的学生表示更加喜欢团队工作。对前述观念持反对态度的学生比例非常低。

在秉持集体观念、团队观念的同时，学生也出现了初步的分化，12.8%的学生非常肯定地表示"我更喜欢自己一个人做事"。

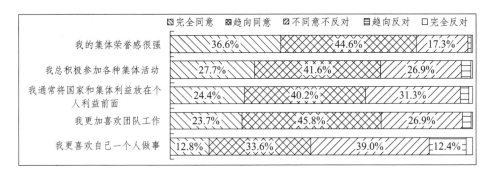

图 19　学生集体观念

（二）不同年级学生的集体观

如图 20 所示，不同年级学生的集体观念没有明显的区别。但就观念的强烈程度而言，大二学生在"完全同意"这一强度层次上。

另外，对男生和女生、独生子女和非独生子女的集体观念对比分析，其相互间的集体观念没有明显的差异，表明集体观念的强烈，具有普遍性，与学生的自然属性之间没有相关性。

但党员（含预备党员）学生和非党员学生之间的集体观念，具有明显的差异，在各测量指标上均有表现，如表 4 所示。

完全同意"我更加喜欢团队工作"的党员学生，比非党员学生高出 6.4 个百分点；

通常将国家和集体利益放在个人利益前面的党员学生，要比非党员学生高出 10 个百分点；

集体荣誉感方面，非党员学生虽然总体上只比党员学生低 7 个百分点，但在完全同意的层面，却低了 13.4 个百分点；

在积极参加各种集体活动方面，两者相差 14.5%；

在更喜欢自己一个人做事方面，两者的比例均比较低，但非党员学生略高 4.2%。

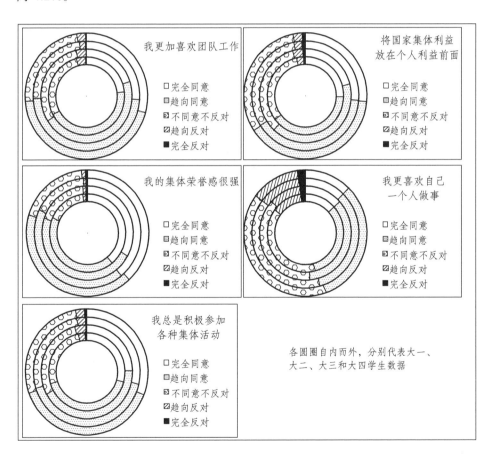

图 20　不同年级学生集体观念

表4 党员和非党员学生集体观念差异

	差异程度	党员	非党员
我更加喜欢团队工作	完全同意	29.4%	22.8%
	趋向同意	47.9%	45.5%
	不同意不反对	20.5%	27.9%
	趋向反对	1.6%	3.2%
	完全反对	0.6%	0.6%
我通常将国家和集体利益放在个人利益前面	完全同意	30.1%	23.5%
	趋向同意	43.1%	39.7%
	不同意不反对	23.8%	32.5%
	趋向反对	2.2%	3.1%
	完全反对	0.8%	1.2%
我的集体荣誉感很强	完全同意	48.2%	34.8%
	趋向同意	39.0%	45.4%
	不同意不反对	11.3%	18.3%
	趋向反对	1.1%	1.1%
	完全反对	0.4%	0.4%
我更喜欢自己一个人做事	完全同意	11.9%	13.0%
	趋向同意	30.1%	34.2%
	不同意不反对	39.5%	38.9%
	趋向反对	15.7%	11.9%
	完全反对	2.9%	2.1%
我总是积极参加各种集体活动	完全同意	38.5%	26.0%
	趋向同意	41.5%	41.7%
	不同意不反对	18.5%	28.2%
	趋向反对	1.1%	3.5%
	完全反对	0.4%	0.6%

四、婚恋观

（一）校园恋爱次数

对学生谈恋爱的次数统计表示，4 成的学生大学期间有过恋爱经历，约 6 成的学生在校期间没有谈过恋爱，约 6.3% 的学生谈恋爱的次数在 2 次及以上，比例相对较低，如图 21 所示。

谈过恋爱的女生比例高出男生 6.7 个百分点，女生比男生更容易谈一场校园恋爱。

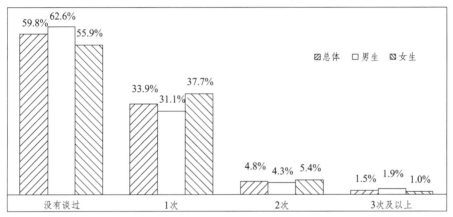

图 21　学生谈恋爱的次数

（二）学生择偶条件

择偶时，学生最看重的是对方内在的因素，"内在美"居绝对主导地位，如图 22 所示。

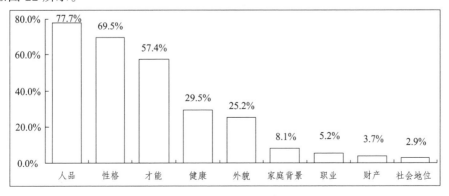

图 22　学生择偶条件（多选）

人品是大多数学生的第一选择，接近 8 成，其次分别是性格和才能，分别约为 7 成和 6 成。这三者在所有供选因素中，其权重合计占到了所有选项的 73.3%，占据绝对主导地位。

健康和外貌的选择比例也比较高，分别为 29.5% 和 25.2%，属于次重要因素。

外在因素：社会地位、职业、财产、家庭背景，选择比例均在个位数以下，与社会上相亲角的择偶标准形成了鲜明的对比。

（三）择偶条件差异

如图 23 所示，男生和女生的择偶差异，在大部分条件上差别不是非常明显。但在才能和外貌这两个条件方面，女看才男重貌，差异非常明显。

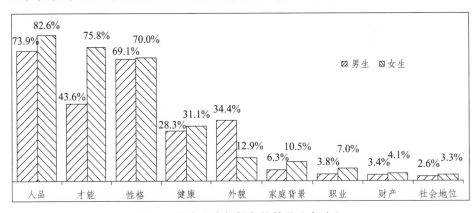

图 23　男生女生择偶条件差异（多选）

差异最大的因素是才能。看重才能因素的女生达 75.8%，男生只有 43.6%，两者相差达 32.2%。才能在某种程度上意味着生存与发展能力，与此相关的因素有家庭背景和职业，女生选择的比例分别高出男生 4.2 和 3.2 个百分点。

差异次大的因素是外貌。看重外貌因素的男生达 34.4%，女生只有 12.9%，两者相差达 21.5%，也是男生唯一比女生看重的因素。

差异第三大的因素是人品，这是女生最为看重的因素，女生高出男生 8.5 个百分点。

（四）公共场合亲热差异

对"与恋人在公共场合亲热无碍他人"的说法，大部分学生持反对态度，如图 24 所示。完全同意的学生比例只为 5.5%，一方面，这表示公德行为，另一方面，我们视之为某种开放心态。

独生子女比非独生子女心态更为开放，前者高出后者 5.3 个百分点；

将生源地粗略划分为县城及以下、地区市和省会及以上城市三级（三类），按生源地对学生进行分类比较，城市规模越大的生源地学生，其心态更加开放，持赞同态度的学生比例分别为 15.0%、20.2% 和 26.3%，与城市的级别成正相关。

公共场合亲热，女生比男生要矜持得多：持赞同态度的比例仅有 9.8%，完全赞同的更只有 2.8%，远低于男生的 22.9% 和 7.5%。

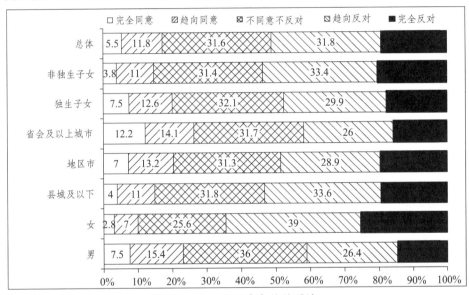

图 24 对公共场合亲热的看法

五、公德观

由于公德观念属于比较抽象的概念，更多地表现为具体的行为，因此此处使用与学生生活场景联系紧密的若干公德行为进行表征，使用"针对下列说法，您的意见是"的题干，用李克特五级量表进行测量，如图 25 所示。

除了"与恋人在公共场合亲热无碍他人"，其余公德行为选项获得了学生的高度认同。88.4% 的学生会在教室、图书馆将手机调为静音或者关机；88.1% 的学生不喜欢在教学楼和图书馆大声说话的人；81.3% 的学生经常在公交车上给人让座；69.5% 的学生表示从没有乱丢过垃圾。

以上说明大学生的公德意识很强。

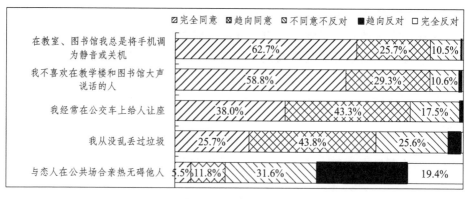

图 25　学生公德观

六、公益观

（一）学生公益观

作为改革开放后出生和成长的大学生，公益观念深入学生心灵，如图 26 所示。但在面临具体的选择时，大部分学生会根据实际情况做出取舍。

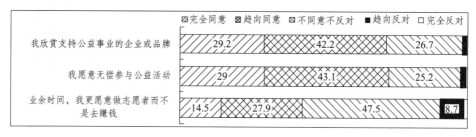

图 26　学生公益观

71.4%的学生欣赏支持公益事业的企业或品牌；72.1%的学生愿意无偿参与公益活动；不过，业余时间是去做志愿者还是去赚钱，大部分学生的态度相对比较模糊，47.5%的学生持中立态度，有 14.5%的学生对此非常肯定。学生态度模糊的原因，在于没有面临具体的事件，无法根据情况做出判断和选择。

（二）欣赏支持公益事业的企业或品牌

对支持公益事业的企业或品牌的欣赏程度，如图 27 所示。总体上看，学生生源地所处的城市越大，其欣赏程度越高，依次呈递减趋势。

党员学生、女生和独生子女学生，其欣赏程度高于各自相对应的学生类别，分别高出 6.5%、8.4% 和 1.9%。在"完全同意"的程度上，独生子女高出非独生子女 5.3%。

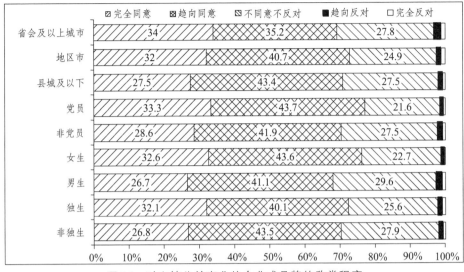

图 27 对支持公益事业的企业或品牌的欣赏程度

（三）无偿参与公益活动意愿

学生无偿参与公益活动的意愿，与学生对支持公益事业的企业或品牌的欣赏程度变化趋势基本一致，如图 28 所示。

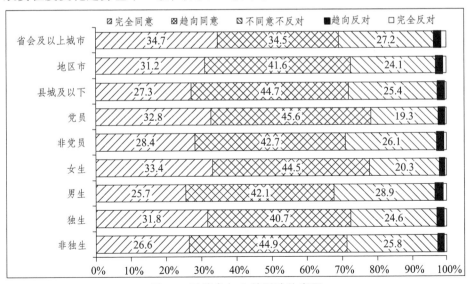

图 28 无偿参与公益活动的意愿

七、环保观

（一）学生环保意识

学生的环保意识非常强烈，但具体行动方面还有很大的潜力可挖，如图29所示。

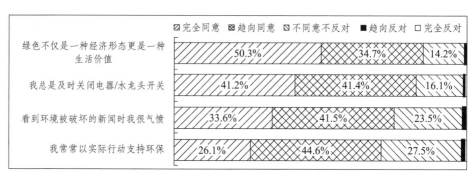

图 29　学生环保观

（二）环保意识差异

女生、学生党员、大城市生源更具有环保意识。

性别差异。就"绿色不仅是一种经济形态更是一种生活价值"而言，57.1%的女生表示完全同意，男生为45.4%，女生高出男生11.7个百分点；如图30~33所示。"我总是及时关闭电器/水龙头开关""看到环境被破坏的新闻时我很气愤""我常常以实际行动支持环保"等方面，女生选择同意的比例均比男生高。

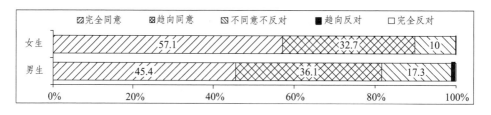

图 30　绿色更是一种生活价值观

城市差异。如图31~33所示，入学前家庭所在地为省会及以上城市、地区市的学生，其环保观念总体上比来自县城及以下区域的环保意识要强一些。

类似的差异，还体现在独生子女和非独生子女学生群体间，前者比后者一般高出 5 个左右的百分点，独生子女普遍环保观念要强一些。

在党员学生和非党员学生群体之间，也存在环保意识的强弱差别，前者比后普遍要强一些。

但在总体上，上述差异不是特别大，趋势上均与总体保持得比较一致。

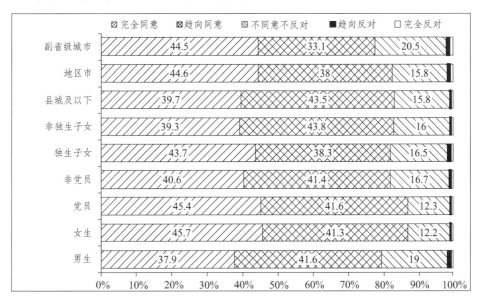

图 31　我总是及时关闭电器开关/水龙头

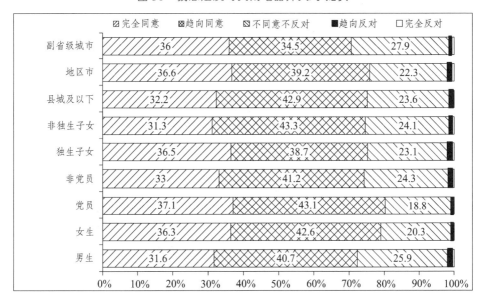

图 32　看到环境被破坏的新闻时我很气愤

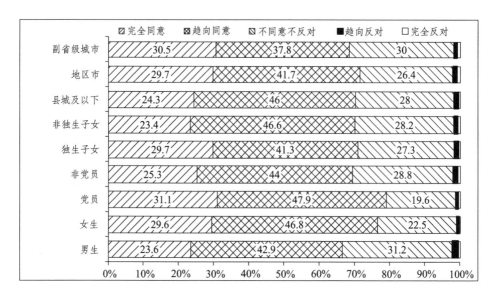

图 33　我常以实际行动支持环保

八、金钱观与消费

（一）金钱观概况

总体上，学生关于金钱的观念比较主流，如图 34 和表 5 所示。

由于学生经济上主要依靠家庭供给和其他来源，大部分学生（62.0%）对自己的花销非常谨慎，同时有 55.8% 的学生表示想节约花费但很难。

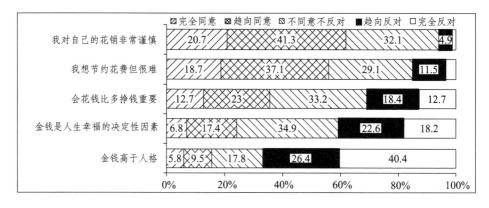

图 34　学生金钱观

就"会花钱比多挣钱更重要"的说法，学生观点相对中庸：三分之一的学生持中立态度，赞同和反对的学生比例大体相当，赞同的略微多一点。

"金钱是人生幸福的决定性因素""金钱高于人格"是关于金钱的两个经典命题，不同的人对此有不同的理解，有不同的态度。受访学生总体上对这两个命题持否定态度。但也有24.2%的学生，对前者持赞同态度，另41.0%的学生持反对态度，还有34.9%的学生持中立态度（由于四舍五入的关系，此处比例未能严格归1）；对后者，持赞同态度的学生下降到15.3%，反对的学生则达66.8%。

不同学生群体的金钱观存在一定的差异，如表5所示。性别方面，男生略微没有那么主流，对上述两个经典命题持赞同态度的学生比例明显高出女生；独生子女家庭的学生相对非独生子女家庭的学生态度与此类似；不同生源地的学生之间，差异比较明显：在具体的花费方面，县城及以下学生尽管对自己的花销相对谨慎，但依然表示想节约花费但很难。而在上述经典命题方面，越是来自大城市的学生，持赞同态度的学生比例更高，其比例随城市等级（本书分为三级）的变动呈正相关系。

表5 不同学生群体金钱观念差异

对下列说法，您的意见是（%）		男生	女生	独生	非独生	县城及以下	地区市	省会及以上城市
我想节约花费但很难	完全同意	18.9	18.6	20.7	17.2	18.1	18.7	23.1
	趋向同意	35.9	38.7	34.3	39.3	38.6	35.5	29.5
	不同意不反对	30.1	27.7	28.7	29.4	29	28.6	31.9
	趋向反对	11.4	11.7	12	11	11	12.7	11.9
	完全反对	3.7	3.3	4.4	3	3.3	4.4	3.6
我对自己的花销非常谨慎	完全同意	22.1	18.7	21.2	20.1	20.5	20	22.4
	趋向同意	41.2	41.3	38.8	42.9	42.2	40.9	33.6
	不同意不反对	31.7	32.7	32.8	31.8	31.8	32.3	36
	趋向反对	3.8	6.3	5.7	4.3	4.5	5.5	6.6
	完全反对	1.2	0.9	1.4	0.9	1	1.3	1.4

续表

对下列说法，您的意见是（%）		男生	女生	独生	非独生	县城及以下	地区市	省会及以上城市
金钱高于人格	完全同意	7	4.2	8.3	4.1	4.4	7.4	13.4
	趋向同意	11.7	6.5	10.1	8.9	9	10.4	10.3
	不同意不反对	20.4	14.4	18.5	17.3	16.9	19.1	21.9
	趋向反对	24	29.7	24.7	27.7	27.7	23.3	23.8
	完全反对	36.9	45.2	38.4	42.1	42	39.7	30.5
会花钱比多挣钱更重要	完全同意	14	11	15.5	10.5	11.2	14.5	18.8
	趋向同意	24.3	21.2	22.7	23	22.5	24.2	22.8
	不同意不反对	32.9	33.7	33.8	33.1	33.5	31.9	36.4
	趋向反对	16.6	20.9	17.1	19.3	19.3	17.9	12.8
	完全反对	12.3	13.2	10.9	14	13.5	11.6	9.3
金钱是人生幸福的决定性因素	完全同意	8.6	4.4	9.6	4.7	5.1	9	14.1
	趋向同意	20.1	13.7	18.1	16.7	16.7	19.2	17.1
	不同意不反对	36.7	32.5	35.2	34.9	34.9	33.6	39.8
	趋向反对	19.6	26.7	21.9	23.2	23.6	21.8	17.6
	完全反对	15	22.7	15.2	20.5	19.7	16.4	11.4

（二）学生月均花费

学生除学费住宿费外，月均花费为 825 元，标准差为 336，说明学生花费差异较大。

如图 35 所示，学生的月均花费集中在 401~1000 元，月均花费在此区间的学生比例占 68.9%，月均花费在 1000 元以上的学生占 24.0%。

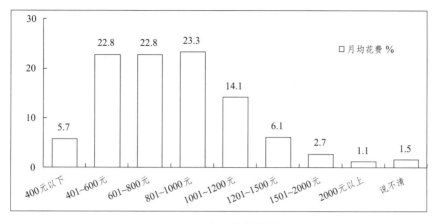

图 35　学生月均花费情况

（三）学生花费的差别

学生花费的家庭背景差别。以独生子女家庭及非独生子女家庭学生的花费进行对比分析，如图 36 所示。62.1%的独生子女家庭学生的月均花费在 800 元以上，相对的，62.2%的非独生子女学生月均花费在 800 元以下，体现在月均花费上，前者月均花费 940 元，后者月均花费 746 元，表明独生子女家庭普遍能够为孩子提供更为良好的经济支持。

学生花费的地域差别。家庭为县城及以下地域的学生月均花费为 767 元，地区市的学生为 961 元，省会及以上城市的学生为 977 元，如图 37 和图 38 所示，县城及以下地域的学生，59.0%的月均花费在 800 元以下，而地区市、省会及以上城市的学生，月均花费在 800 元以上的比例分别为 64.3%和 68.3%。

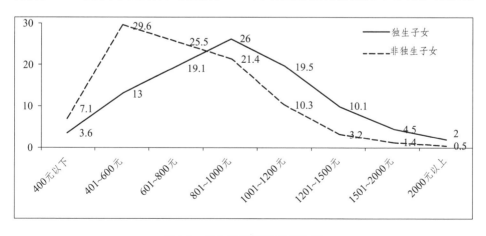

图 36　学生月均花费家庭比较

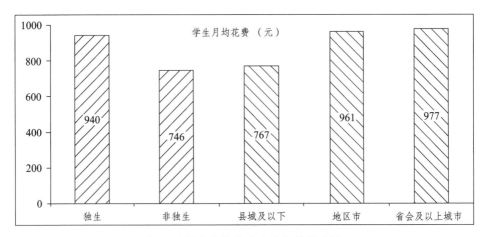

图 37　学生月均花费家庭与地域比较

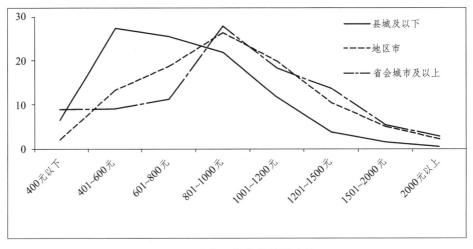

图 38　学生月均花费地域比较

九、本章小结

学生政治价值判断正确，政治态度积极、主流，党员的表现更加优秀。

知识、能力与素质发展比较协调。

学习指数平均为 65.4，属于较高水平；学习需求强烈，但学习过程指数偏低，只有 57.2，尤其是研究性、自主性学习行为偏少。

学生对学校整体满意度较高，平均指数为 63.6，其中，对教师的满意度最高，平均为 70.4，推荐重选指数最低，平均为 57.5。

追求更高的学位可以激励学生努力学习，但有些学生是盲目追求，应加以适当的引导。

建议：

（1）引导学生明晰、细化自己的学习需求；

（2）提供更加多元化的学习方式提升能力，应对多样化的社会环境；

（3）提供更多研究性、参与性学习的机会；

（4）追求更高的学位可以激励学生努力学习，但有些学生是盲目追求，应加以适当的引导。

第三章　大学生素质分析

对大学生素质的确定，从不同的学科研究出发有不同的定义和理解。从教育学和人才学角度，《教育大辞典·教育学卷》中提出，素质着重表示人在先天生理基础上，受后天环境、教育的影响，通过个体自身的认识与社会实践而养成的比较稳定的身心发展的基本品质，具有全面性、发展性和实用性。

对人素质结构的分析，有两种基本角度。一是从自然生理素质到心理素质再到社会文化素质，反映了人的素质发展的基本过程，也反映了人的素质由"潜"到"显"的过程。二是从人的发展和社会发展的结合上来分解人的素质结构组成，这个角度着重于人的素质教育研究，更具有一般性。

本篇主要分析西部大学生的合作素质、心理素质和领导素质，需要着重指出的是，这里的素质测量指标，以学生自填的方式，基于自建模型计算得出指数结果（最大值 100，无量纲），结合日常学生工作的经验验证，相关测量和指数结果具有一定的参考意义，尤其在趋势和结构层面的参考意义。

一、学生素质概览

学生合作素质平均为 75.7，如表 6 所示；四分之三的学生素质指数在 67.5 以上。

从性别看，尽管男生各项指数的平均值略微高于女生，从统计角度，男生和女生之间没有明显的统计差异。

从年级看，各年级学生的指数，基本遵从高年级到低年级的梯次排列，但从数据之间的差值看，各年级学生之间并没有明显的差异。按通常的理解，高年级的学生应该比低年级的学生高一些，但测量采用的是学生自填的方式，主要是学生自己的主观感受，因此，各年级学生的指数非常接近。

不过，党员学生的素质指数普遍高于非党员学生，呈现出明显的差异。

党员学生指数平均为79.4，高出非党员学生均值4.3；相应的合作素质指数高出2.9，心理素质指数高出3.2，组织领导指数高出6.8。

这种差异在独生子女和非独生子女学生群体之间也非常明显，前者普遍高于后者。总体的素质指数高出2.6，合作素质指数高出2.0，心理素质指数高出1.8，组织领导素质指数高出3.8。两者之间的差异，不如党员学生和非党员学生之间那么明显。

表6　学生素质指数

	综合素质 指数	合作素质 指数	心理素质 指数	组织领导 素质指数
总体	75.7	80.0	75.5	71.0
男生	76.2	80.2	76.0	71.8
女生	75.0	79.8	74.8	70.0
大一	75.0	79.5	75.0	69.8
大二	74.8	79.0	74.5	70.2
大三	76.7	80.9	76.5	72.2
大四	77.5	81.5	77.1	73.4
非党员	75.1	79.6	75.1	70.1
党员	79.4	82.5	78.3	76.9
独生	77.2	81.2	76.6	73.2
非独生	74.6	79.2	74.8	69.4

二、合作素质

合作素质，总体自评为优秀。

如图39所示，学生从校园生活尤其是集体生活中锻炼了自己的人际关系处理技能，对"不同地区及人的了解"、"与成长背景不同的人相处的能力"、"人际关系处理技能"的问卷，分别有八至九成多的学生回答进入大学后增长许多或有所增长。

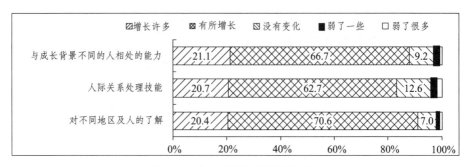

图 39　学生人际关系处理能力

如图 40 所示，学生对自己理解别人的能力和合作意识非常自信，认为自己能力处于前 10%的学生分别高达 17.1%和 12.4%。

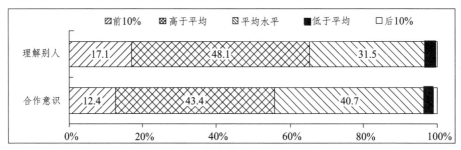

图 40　学生合作意识自评

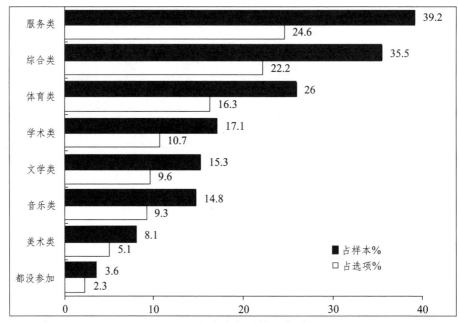

图 41　学生参加的社团类型

　　社团是增进学生对不同地区、不同成长背景的人了解的良好场所，也是学生合群的一个表现。在学生组织和社团中担任领导、组织大型活动，与学生的组织领导力成长有直接关系。平均每个学生参加1.6个社团，如图41所示，服务类社团参加的学生比例最高，为39.2%，其次是综合类社团（含学生会），参加的学生比例为35.5%，第三多的社团类型是体育类，26.0%的学生参与。考虑到在学生组织/社团中担任领导的学生比例达35.3%，整体的领导力指数可能偏高。

三、心理素质

　　心理素质包含智力因素和非智力因素两个方面，本报告通过一些关键指标，借助学生的自我评估，分析学生的心理素质，指数平均高达75.5。

　　不论是承压能力、自信水平，还是心理健康状况和精神饱满程度，分别有2~3成的学生认为自己处于前10%，4成左右的学生认为自己相关指标高于平均水平，只有极少数学生认为自己低于平均或者处于后10%。

　　唯一的例外是"创新能力"。只有13.2%的学生认为自己属于最前面的10%，高于平均水平的学生比例为35.2%，均明显低于其他项目。

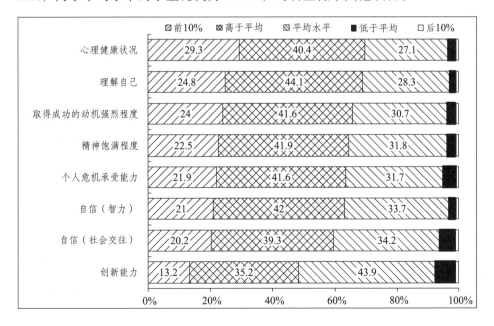

图42　学生心理素质

虽然整体上学生高估自己的心理素质，但对自己心理各方面的自信，本身就是心理素质好的表征。

四、组织领导素质

领导力指数平均为71.0，组织领导素质良好。

进入大学以来，绝大多数学生解决问题的能力、领导能力均增长许多或者有所增长。如图43所示，三分之一的学生认为自己解决问题的能力增长许多，近6成的学生认为有所增长；四分之一的学生认为自己的领导能力增长许多，54.8%的学生表示有所增长。

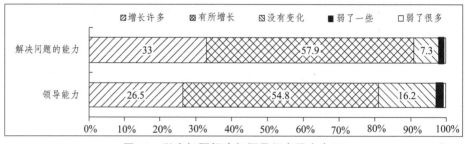

图43　学生问题解决与领导能力纵向自评

学生整体上倾向于高估自己的能力。如图44所示，与平均水平相比，18.6%的学生认为自己讨论争议问题并商谈的能力属于前10%，相应的领导能力为15.3%，公开演讲能力为12.3%；认为个人相应能力高于平均水平的学生比例分别为42.5%、37.4%和27.8%。

这里存在一个认知阶梯：越是具体的能力，学生自我评估的时候，越能接近实际，因此，最为具体的公开演讲能力，认为自己属于前10%的学生比例相对最低，大部分学生（43.2%）认为自己属于平均水平。

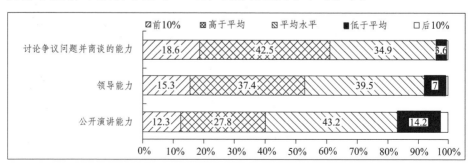

图44　学生领导沟通能力横向自评

从学生领导与沟通能力的实践看，如图 45 所示，在学生组织/社团中担任过领导职务的学生比例为 35.3%，组织过大型活动的学生比例为 24.0%。

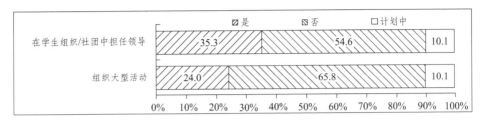

图 45　学生领导与沟通能力实践

五、素质与能力发展需求

图 46 表明了学生的素质与能力提升需求。表示非常需要的在 4～6 成之间，与前面的自我评价偏高形成了对比，表明学生对自身素质发展要求比较高，为进一步提高学生培养质量和水平提供了良好基础。

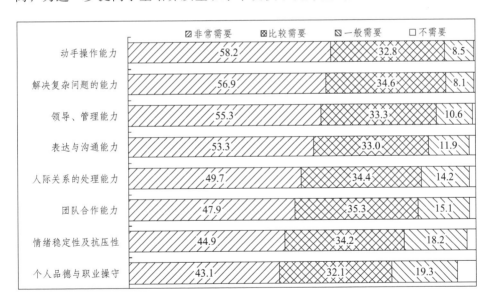

图 46　学生素质发展需求

排在第一位的需求，是"动手操作能力"，表示非常需要的比例达 58.2%。学生最迫切的问题是解决"眼高手低"的问题。

其次是由于现在社会高度发达，容易碰到各种复杂的问题，学生希望提升自己复杂问题的处理能力，表示非常需要的比例达 56.9%。

另外，55.3%的学生希望提升自己的领导和管理能力。

虽然学生对个人品德和职业操守需求相对最低，表明学生在这方面的自信，但仍然有近半数的学生表示"非常需要"，学校可以请校友结合专业岗位与学生进行深层次的交流。

第四章 大学生就业观念的深入探讨

一、大学生就业观念分类

（一）就业观念的基本类型

调查问卷共准备了 16 条关于大学生就业观念的语句，按照"极端重要、非常重要、有点重要、不重要"请受访学生回答。利用 SPSS 对这 16 条观念语句进行主成分因子分析，结果如表 7 所示，共得到 3 个就业观念因子，分别命名为个人价值因子、单位外表因子、生活享受因子，相应的，可以将学生的就业选择观念简化为 3 种基本类型。

第一类，个人价值型：注重个人价值、兴趣和发展。此类学生更加注重的因素有：实现个人价值、创新性和自主性、发展机会和潜力、为社会发展进步工作、企业文化、个人兴趣爱好。

第二类，单位外表型：对单位的外在因素更加注重。此类学生更加注重的因素有：企业知名度、企业规模、社会地位/声望、专业是否对口、单位性质。

第三类，生活安稳型：注重薪酬，又要生活。此类学生更加注重的因素有：薪酬和福利、工作稳定性、工作与生活的平衡、工作舒适程度、工作地点。

表 7 工作选择因素因子载荷系数表

您在选择工作时，下列因素对您的重要性如何？	因子		
	个人价值	单位外表	生活安稳
实现个人价值	0.817	0.099	0.169
创新性和自主性	0.785	0.250	0.126
发展机会和潜力	0.722	0.023	0.319
为社会发展进步工作	0.683	0.416	0.041

续表

您在选择工作时，下列因素对您的重要性如何？	因子		
	个人价值	单位外表	生活安稳
企业文化	0.583	0.393	0.074
个人兴趣爱好	0.569	0.067	0.422
企业知名度	0.239	0.808	0.149
企业规模	0.142	0.773	0.204
社会地位/声望	0.321	0.691	0.144
单位性质	0.292	0.609	0.259
专业是否对口	-0.022	0.608	0.261
薪酬和福利	0.189	0.174	0.712
工作稳定性	0.108	0.235	0.686
工作与生活的平衡	0.453	0.101	0.621
工作舒适程度	0.204	0.410	0.610
工作地点	0.067	0.463	0.520

提取方法：主成份，基于特征值大于 1。

旋转法：具有 Kaiser 标准化的正交旋转法，旋转在 7 次迭代后收敛。

KMO 和 Bartlett 的检验：取样足够度的 Kaiser-Meyer-Olkin 度量 0.920

Bartlett 的球形度检验　近似卡方 2835.689

df　120;　　　　　　Sig. .000

（二）选择观念分类模型

根据 SPSS 统计所得因子得分系数，各就业观念因子得分模型（未标准化）分别如下：

个人价值因子得分：

fac_Jiazhi=f9_1*0.236+f9_2*(-0.075)+f9_3*0.189+f9_4*(-0.034)+f9_5*(-0.003)+f9_6*(-0.082)+f9_7*0.019+f9_8*(-0.114)+f9_9*0.288+f9_10*0.315+f9_11*0.255+f9_12*0.162+f9_13*0.069+f9_14*(-0.132)+f9_15*(-0.081)+f9_16*(-0.142)

单位外表因子得分：

fac_waibiao=f9_1*0.098+f9_2*(-0.104)+f9_3*0.093+f9_4*0.324+f9_5*0.195+f9_6*0.308+f9_7*0.257+f9_8*(-0.057)+f9_9*(-0.016)+f9_10*(-0.103)+f9_11*(-0.161)+f9_12*(-0.142)+f9_13*(-0.155)+f9_14*0.096+f9_15*0.031+f9_16*0.237

生活安稳因子得分：

fac_shenghuo=f9_1*(-0.196)+f9_2*0.393+f9_3*(-0.15)+f9_4*(-0.131)+f9_5*(-0.023)+f9_6*(-0.069)+f9_7*(-0.123)+f9_8*0.377+f9_9*(-0.122)+f9_10*(-0.065)+f9_11*0.069+f9_12*0.155+f9_13*0.3+f9_14*0.224+f9_15*0.27+f9_16*0.037

依据上述 3 个因子模型和表 7 的选项数值，（1）得出各样本的 3 个因子得分，（2）各因子的最大值和最小值，用最大值减去最小值，得 3 个因子总分，（3）用各样本的因子得分，除以相应的因子总分得到 3 个因子得分比例，（4）根据 3 个因子得分比例的最大值，将样本分别归入个人价值型、单位外表型和生活享受型 3 个不同的类别。

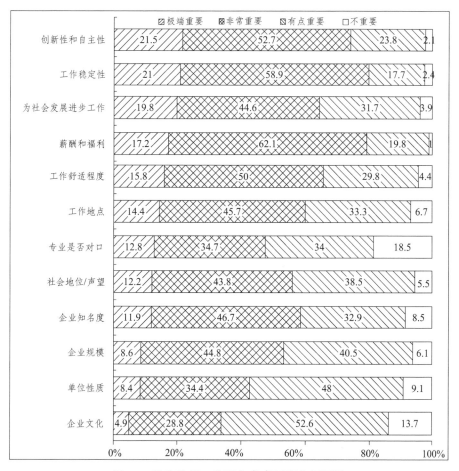

图 47　学生选择工作时各考虑因素的重要性

样本分类结果如表 8 所示，个人价值型学生占 78.8%，追求个人价值的实现是学生的主流；其次追求单位外表型的学生占 11.5%；希望生活与工作兼顾生活安稳型学生最少，只占到样本的 9.8%。

表 8　大学生就业选择观念分类结果

	百分比	有效百分比
个人价值型	78.8	78.8
单位外表型	11.5	11.5
生活安稳型	9.8	9.8
合　计	100.0	100.0

这 3 类选择观念，按照实现的难易程度，分别是生活安稳型、单位外表型和个人价值型。从生活安稳型相关的选择因素看，总结为一句话是工作轻松稳定待遇好，这样的工作机会有，但数量稀少且难以识别，竞争非常激烈。从单位外表型相关的选择因素看，相关的因素比较容易判断，但单位外表未必代表个人发展所需，且外表越好的单位机会，竞争也会越激烈。个人价值型相关的选择因素比较符合时代发展潮流与市场经济的需求。时代发展为个人价值的实现提供了丰富而多样的选择余地，追求个人价值的实现，能够和社会价值、企业发展有机结合，鼓励更多的学生在就业选择时转向个人价值的追求，更有利于学生的长期发展，也有利于学校就业工作的开展。

（三）生涯发展观念的基本类型

调查准备了一道包含 12 个选项（含"其他"）的多选题供受访学生多选，排除"其他"项后共形成 11 个 2 分变量，经因子分析得三个因子：家庭背景因素、素质因素、能力因素，相应的可以将学生的职业发展观念分为三种类型。

第一类：家庭背景型。此类学生认为一个人在社会中生存和发展主要依靠权力、金钱、家庭背景和社会关系。相对学生来说，这些因素属于先天的因素，与家庭背景关系紧密，称之为家庭背景型。

第二类：个人素质型。此类学生认为一个人在社会中生存和发展主要依靠诚实、健康、自我奋斗和受教育程度，这些因素主要依靠学生个体的努力获得，共同的特点是属于个人素质，称之为个人素质型。

第三类：个人能力型。此类学生认为一个人在社会中生存和发展主要依靠机遇、经验和个人能力。抓住机遇、利用机遇，以及经验的积累，均可以看做个人能力的某些方面，统称为个人能力型。

表 9　生涯发展因素因子载荷系数表

您认为一个人在社会中生存和发展主要依靠（多选）	主成份		
	家庭背景	个人素质	个人能力
权力	0.84	0.139	-0.031
金钱	0.795	0.172	0.002
家庭背景	0.694	0.045	0.14
社会关系	0.525	-0.105	0.488
诚实	-0.016	0.788	0.133
健康	0.126	0.751	0.102
自我奋斗	-0.02	0.526	0.46
受教育程度	0.237	0.513	0.147
机遇	0.097	0.293	0.573
经验	0.105	0.252	0.699
个人能力	-0.005	0.053	0.692

提取方法：主成份。旋转法：具有 Kaiser 标准化的正交旋转法。

此为旋转成份矩阵，旋转在 4 次迭代后收敛。

KMO 和 Bartlett 的检验：

取样足够度的 Kaiser-Meyer-Olkin 度量：0.777

Bartlett 的球形度检验　　近似卡方 906.923

df　55；　　　Sig. .000

（四）生涯发展观念分类模型

根据 SPSS 统计所得因子得分系数，各发展观念因子得分模型分别如下：

家庭背景因子：

fac_beijing=f7_1*(-0.074)+f7_2*0.062+f7_3*(-0.097)+f7_4*(-0.037)+f7_5*0.327+f7_6*0.222+f7_7*0.409+f7_8*(-0.084)+f7_9*(-0.008)+f7_10*(-0.031)+f7_11*0.38.

个人素质因子：

fac_suzhi=f7_1*(−0.157)+f7_2*0.276+f7_3*0.218+f7_4*(−0.037)+f7_5* (−0.065)+f7_6*(−0.246)+f7_7*0.032+f7_8*0.48+f7_9*0.453+f7_10*0.025+f7_1 1*0.048.

个人能力因子：

fac_nengli=f7_1*0.473+f7_2*(−0.062)+f7_3*0.18+f7_4*0.412+f7_5*0.018 +f7_6*0.322+f7_7*(−0.142)+f7_8*(−0.124)+f7_9*(−0.149)+f7_10*0.313+f7_11* (−0.124).

依据上述 3 个因子模型，采用与选择观念分类模型类似的办法，可以将学生分为家庭背景型、个人素质型和个人能力型三类，具体如表 10 所示。

从表 10 看，依靠个人能力与素质获得生涯发展是学生的主流，两者合计占到了学生的 91.9%，但也有少部分学生认为生涯发展依靠家庭背景相关的因素。

表 10　大学生生涯发展观念分类

	百分比	有效百分比
家庭背景型	8.1	8.1
个人素质型	13.4	13.4
个人能力型	78.5	78.5
合计	100.0	100.0

（五）依据就业观念对大学生分类

综合样本分类结果如表 8 所示，个人价值型学生占 78.8%，追求个人价值的实现是学生的主流；其次追求单位外表型的学生占 11.5%；希望生活与工作兼顾生活安稳型学生最少，只占到样本的 9.8%。

综合表 8 和表 9，可以将大学生就业观念具体分为 9 种类型，分别为外表背景型、安稳背景型、价值背景型、外表能力型、安稳能力型、价值能力型、外表素质型、安稳素质型、价值素质型如图 48 所示。其中，外表背景型、外表素质型、安稳背景型和安稳素质型 4 类学生占比合计只有 3.3%，比例非常低，因此，后续讨论的重点是其他 5 种类型的学生，并在进行相关的统计计算的时候，排除了以上 4 类学生，相关的比例与图会略有出入。

对各类型的含义解释如下：

价值能力型：以自己的能力求得个人价值的实现的学生。持此观念的学生占到了学生的 60.6%，代表了学生的主流。

价值素质型：以自己的素质提升来实现个人价值的学生。

外表能力型：以自己的能力，希望求得"外表"好看的工作单位的学生。

安稳能力型：以自己的能力，希望求得生活稳定而又待遇相当工作的学生。

价值背景型：认为主要靠家庭背景条件来实现个人价值的学生。

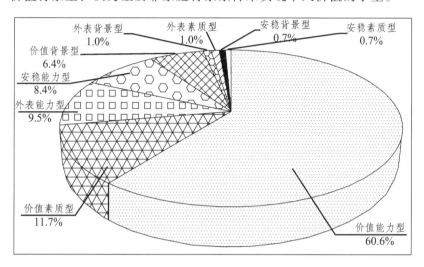

图 48　大学生就业观念分类

二、自然属性与就业观念

（一）性别、独生子女与就业观念

性别差异、是否独生子女，是学生的基本自然属性之一。大学生就业观念的性别差异、独生子女差异如表 11 所示。从表 11 可见，不论性别、独生与否，基本趋势相同，但比较差异在于：

（1）男生更认背景、更靠素质、更选单位外表。女生更靠能力、更选实惠的安稳。11.7%的男生认为生涯发展靠背景，相应的女生只有 2.6%，说明男生对权力、金钱、社会关系和家庭背景对个人发展的影响有更深的认识。在依靠个人素质以实现个人价值方面，男生比例也高出女生近 5 个百分点；同样认为发展靠能力，但在就业选择方面，女生求安稳的比例远远高于男生，相差近 10 个百分点；但男生的选择更趋于虚荣，在外表能力因素方面，男生略微高于女生 2 个百分点。

（2）总体上，独生子女与非独生子女之间的就业观念基本相同。只在价值背景型观念有较为明显的差别，相应的比例为独生子女占 10.0%，而非独生子女只有 5.6%，其余各观念类型比例基本相同。

表 11　大学生就业观念的性别差异、独生子女差异

N %	价值背景型	价值素质型	价值能力型	外表能力型	安稳能力型	合计
独生男生	15.2	10.6	56.1	10.6	7.6	100.0
非独生男生	9.6	17.5	60.5	10.5	1.8	100.0
男生小计	11.7	15.0	58.9	10.6	3.9	100.0
独生女生	2.3	13.6	65.9	6.8	11.4	100.0
非独生女生	2.6	9.2	64.5	9.2	14.5	100.0
女生小计	2.6	10.2	64.8	8.7	13.8	100.0
独生	10.0	11.8	60.0	9.1	9.1	100.0
非独生	5.6	12.8	62.8	9.8	9.0	100.0
总体	6.7	12.1	62.7	9.9	8.6	100.0

（3）独生男生发展极认背景，就业选择更看单位外表，在靠素质和能力实现个人价值方面不如独生女生。独生男生中高达 15.2%持价值背景型就业观念，独生女生只有 2.3%；独生男生中，价值素质型和价值能力型分别占 10.6%和 56.1%，而独生女生相应达 13.6%和 65.9%；独生男生中外表能力型占 10.6%，而独生女生相应只有 6.8%。独生男生，更求生活享受与依赖家庭背景来实现个人价值。

（4）非独生男生更靠背景和素质求个人价值，非独生女更靠能力求个人价值且远比男生更求安稳型的职业。非独生男生价值背景型和价值素质型观念分别占 9.6%和 17.5%，非独生女生相应为 2.6%和 9.2%，差异非常明显；非独生女生安稳能力型达 14.5%，远高于非独生男生的 1.8%，也高于独生女生的 11.4%。

（二）不同年级学生就业观念

各年级学生的就业观念分类如表12所示，各年级学生就业观念大体相同，

总体上可以认为，各年级之间不存在明显的统计差异，在后续讨论的时候，不需要区分不同年级的情况进行讨论。

但是，各年级学生的就业观念也有微小的差异，如大一学生在价值背景型方面明显高于其他年级，但对素质的认识还有待深化；大三学生持价值素质型观念的的学生达 19.2%，比例明显高于其他年级学生；大四学生持价值能力型观念的学生最多，为 68.8%。

表 12　大学生就业观念的年级差异

N%	大 一	大 二	大 三	大 四
价值背景型	10.3	4.8	6.8	3.8
价值素质型	7.1	13.5	19.2	11.3
价值能力型	64.3	61.1	56.2	68.8
外表能力型	10.3	10.3	9.6	8.8

（三）父母教育水平、职业与就业观念

（1）不论何种就业观念类型，不同类型学生的父母的职业具有结构相似性，受访学生的父母均以务工务农为主。不同类型学生的母亲主要务工务农的比例从 57.7%到 74.5%不等，父亲务工务农的比例从 55.6%到 74.5%不等，且受教育程度绝大多数为中等教育及以下，比例从 85.3%到 97.2%不等，如图49、50、51 所示。

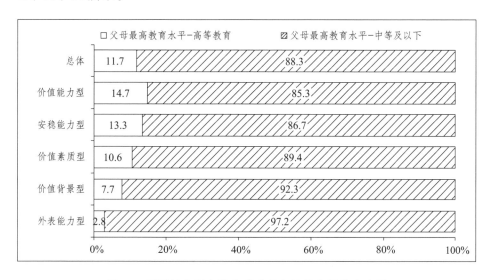

图 49　不同就业观念学生父（母）的最高受教育水平

（2）价值背景型学生父母是下岗职工的比例（母亲为 23.1%，父亲为 11.5%）显著高于其他类型学生的父母，且父母中受过高等教育（大专及以上）的比例为 7.7%，明显低于总体。

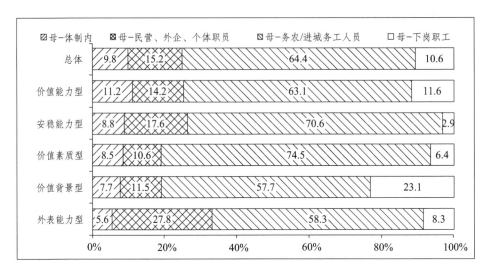

图 50　不同就业观念学生母亲的职业

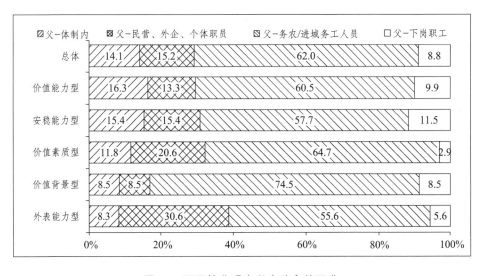

图 51　不同就业观念学生父亲的职业

（3）价值素质型学生父母务工务农的比例（父亲为 74.5%，母亲为 74.5%）相对最高，父母在体制内工作的比例均为 8.5%、受过高等教育的比例为 10.6%，略低于总体。

（4）价值能力型学生父母在体制内工作的比例最高（父亲 16.3%，母亲 11.2%），受过高等教育的比例也明显高于总体，父母属于下岗职工的比例与整体基本平衡。

（5）外表能力型学生的父母在体制内工作的比例最低，且父母受过高等教育的比例也最低，而从事个体工作以及民企、外企员工的比例远高于其他类型（父亲 30.6%，母亲 27.8%），因而更加倾向于"外表"比较好的单位。

（6）安稳能力型学生父母受过高等教育的比例最高，达 14.7%，其父亲、母亲在体制内工作的比例略低于总体，从事个体工作以及民企、外企员工的比例明显高于其他类型（父亲 20.6%，母亲 17.6%），仅低于外表能力型学生的父母，属于下岗职工的比例最低，均只占 2.9%。

三、学习形态与就业观念

（一）学习观念与就业观念

调查共设计了 4 条学习观念语句供受访学生作答，不同就业观念类型的学生，其学习观念如表 13 所示。

表 13 学习观念与就业观念分类

N%		价值背景型	价值素质型	价值能力型	外表能力型	安稳能力型	总体
我的学习压力有点大	完全同意	11.1%	2.0%	9.8%	5.0%	11.4%	8.6%
	趋向同意	44.4%	34.7%	40.2%	40.0%	51.4%	40.7%
	不同意不反对	33.3%	55.1%	38.6%	45.0%	34.3%	40.5%
	趋向反对	11.1%	4.1%	9.8%	7.5%	2.9%	8.4%
	完全反对	0.0%	4.1%	1.6%	2.5%	0.0%	1.7%
学习知识不重要，重要的是学习知识的能力	完全同意	25.9%	32.7%	23.6%	17.5%	11.4%	23.2%
	趋向同意	44.4%	40.8%	52.8%	35.0%	71.4%	50.6%
	不同意不反对	29.6%	22.4%	13.8%	40.0%	17.1%	18.8%
	趋向反对	0.0%	2.0%	9.1%	5.0%	0.0%	6.4%
	完全反对	0.0%	2.0%	0.8%	2.5%	0.0%	1.0%

续表

N%		价值背景型	价值素质型	价值能力型	外表能力型	安稳能力型	总体
学习成绩不好照样有前途	完全同意	18.5%	10.2%	13.4%	15.0%	8.6%	13.1%
	趋向同意	25.9%	34.7%	35.0%	27.5%	42.9%	34.3%
	不同意不反对	48.1%	46.9%	42.5%	47.5%	42.9%	44.0%
	趋向反对	7.4%	4.1%	9.1%	7.5%	5.7%	7.9%
	完全反对	0.0%	4.1%	0.0%	2.5%	0.0%	.7%
我只学习我感兴趣的东西	完全同意	14.8%	10.2%	7.1%	15.0%	2.9%	8.4%
	趋向同意	40.7%	28.6%	35.4%	25.0%	28.6%	33.3%
	不同意不反对	37.0%	40.8%	34.6%	45.0%	45.7%	37.5%
	趋向反对	7.4%	14.3%	22.0%	12.5%	20.0%	19.0%
	完全反对	0.0%	6.1%	0.8%	2.5%	2.9%	1.7%

首先，从"我的学习压力有点大"来看，价值背景型和安稳能力型学生的学习压力相对更大，此两类学生分别有 11.1% 和 11.4% 表示"完全同意""我的学习压力有点大"的说法，"趋向同意"的学生分别高达 44.4% 和 51.4%；两者合计远高于其他类型的学生。

其次，绝大部分学生完全同意或者趋向同意"学习知识不重要，重要的是学习知识的能力"的说法，其中安稳能力型学生更是高达 82.8%。

最后，价值背景型学生有 18.5%"完全赞同""学习成绩不好照样有前途"，比例相对最高，背景影响学生的学习意愿和动力；并且，就"我只学习我感兴趣的东西"说法，此类学生同意的比例也远远高于其他就业观念类型的学生。

（二）学习目标、专业前景与就业观念

不同就业观念类型的学生对其学习目标与专业目标的清楚情况，如图 52 和图 53 所示。图 52 和图 53 对比表明，相当部分学生的学习没有方向，就业看重单位外表（外表能力型）的学生尤其严重。

（1）学生对学习目标的理解清楚情况要远远高于对专业前景的理解清楚情况。总体上，9.4% 的学生表示完全清楚学习目标，47.2% 的学生趋向清楚学习目标，相应的，完全清楚专业前景的学生为 8.1%，趋向清楚的为 29.9%，均低于对学习目标的清楚情况。

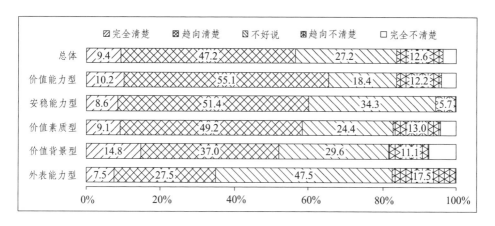

图 52 学生对学习目标的清楚情况

（2）就业看重单位外表的学生，其学习目标和专业前景的清楚情况要明显低于其他类型的学生，对前者表示清楚的学生为 35.0%，对后者表示清楚的学生为 27.5%，且不好说的学生比例均占据多数，分别达 47.5%和 62.5%。

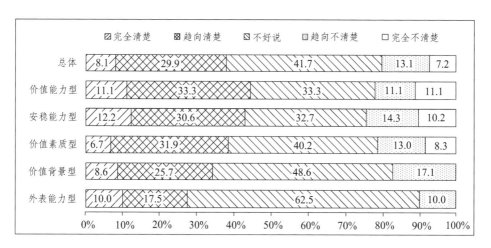

图 53 学生对专业前景的清楚情况

（三）学习成绩要求与挂科情况

学生对学习成绩的具体要求，结果如图 54 所示。按照一等奖学金和二等奖学金的标准合计，价值背景型学生对学习成绩的要求最低，一、二等奖学金标准要求合计只有29.6%，看重单位外表的学生次之，为37.5%，其余3类均在4成以上。

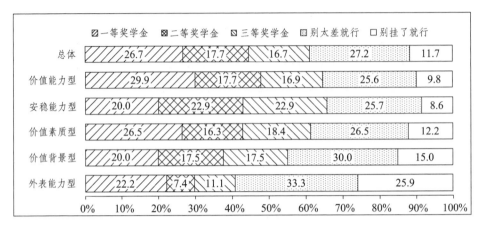

图 54　个人学习成绩要求

从挂科情况看，如图55所示，价值背景型学生挂科4门及以上的比例达11.1%，高居榜首，所谓"取其上者得乎中，取其中者得乎下"，正是此类学生对个人学习成绩要求的最好写照；其次是价值素质型学生，挂科4门及以上的比例达8.2%，如果考虑挂科3门及以上的比例，更是高达20.4%，此类学生以素质为先，对学习成绩（具体说是分数）不是那么在意；认为发展靠能力的学生，其挂科情况普遍要好于总体，明显好于前两类学生。

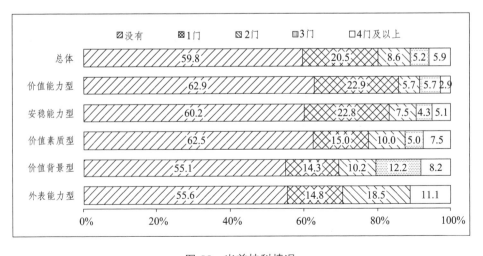

图 55　当前挂科情况

（四）学习时间差异

我们界定的学习时间为上课做实验以及自习做作业的时间。不同就业观念类型学生平均每周的学习时间差异如表 14 所示。考虑到上课、做实验是规定动作，不同的学生之间本有差异，因此，重点考察学生自习、做作业的时间差异。

时间资源对所有的学生都是同等的，学生对时间资源的分配，体现了个人的发展与选择偏好。总体上，受访学生平均每周自习、做作业的时间为 9.6 小时，最少的是价值背景型学生，即认为需要依靠家庭背景来才能实现个人价值的学生，其周均自习时间只有 7.6 小时；而求职看外表、发展靠能力的外表能力型学生周均自习和做作业的时间为 8.8 小时；自习时间低于总体的还有安稳能力型学生，其自习时间为 9.3 小时。而价值能力型和价值素质型学生，其周均上课（实验）时间和自习时间，均高于其他类型的学生。

表 14　就业观念与学习时间差异

小时/周	价值能力型	价值素质型	安稳能力型	外表能力型	价值背景型	其他	总体
上课、做实验	15.6	15.0	14.2	13.1	10.7	11.9	14.3
自习、做作业	10.3	10.5	9.3	8.8	7.6	8.9	9.6

注：此处时间系按周平均。

（五）学习过程与就业观念

从前述的学生时间看，不同择业观念，对学生的学习时间的投入，具有非常明显的影响。对学生的学习过程影响又如何？

调查给出了 18 条与学习过程有关的调查语句，提供了经常、偶尔以及从来没有 3 个选项供学生选择，经因子分析，按照特征值大于 1 析出 3 个因子，但解释的总方差只有 50.7%，经指定抽取 5 个因子，解释的总方差达 61.4%，且析出的因子均可解释，根据因子分析结果，将学生按学习过程特征分为 5 种类型。如表 15 所示，不同就业观念的学生，其学习过程特征大体类似：以课外学习型和资源利用型为主，但差别也非常明显。

如表 16 所示，价值背景型学生在学习资源的利用上最为突出，且团队研究型学生的比例最高，达 11.1%，表现消极的学生比例为 0；价值能力型学生数量最多，基本代表了总体的基本情况，课外学习学生比例略高于总体；价值素质型学生在碰撞互动性学习方面表现比较突出，属于对图书和网络资源利用较少的类型，在表现消极方面，也有一定的比例，超出总体水平达 4.1%。

表 15 就业观念与学习过程差异

% （列）	价值背景	价值素质	价值能力	外表能力	安稳能力	总体
碰撞互动型	18.5	22.4	17.3	32.5	8.6	18.8
资源利用型	37.0	20.4	28.0	27.5	34.3	28.1
团队研究型	11.1	8.2	5.9	2.5	5.7	6.2
表现消极型	0.0	4.1	3.5	5.0	5.7	3.7
课外学习型	33.3	44.9	45.3	32.5	45.7	43.2

表 16 就业观念与具体的学习过程

	过程项目	频率	价值背景型	价值素质型	价值能力型	外表能力型	安稳能力型
碰撞互动学习指标	在课堂上挑战老师的观点	经常	7.4	6.1	4.7	5	2.9
		偶尔	44.4	51	35.4	47.5	31.4
		从来没有	48.1	42.9	59.8	47.5	65.7
	课后向老师请教问题	经常	7.4	8.2	9.4	5	5.7
		偶尔	70.4	73.5	63.4	75	60
		从来没有	22.2	18.4	27.2	20	34.3
	为其他同学辅导过课程	经常	7.4	10.2	7.5	2.5	5.7
		偶尔	63	69.4	62.6	67.5	65.7
		从来没有	29.6	20.4	29.9	30	28.6
资源利用类学习指标	利用互联网进行研究或者做作业	经常	18.5	34.7	33.1	20	42.9
		偶尔	70.4	59.2	57.1	75	57.1
		从来没有	11.1	6.1	9.8	5	0
	利用图书馆藏资料进行研究或者做作业	经常	18.5	16.3	18.1	20	22.9
		偶尔	59.3	73.5	66.5	67.5	60
		从来没有	22.2	10.2	15.4	12.5	17.1
	利用图书馆获取电子文档资料	经常	18.5	20.4	19.7	15	14.3
		偶尔	59.3	61.2	54.3	65	54.3
		从来没有	22.2	18.4	26	20	31.4

续表

	过程项目	频率	价值背景型	价值素质型	价值能力型	外表能力型	安稳能力型
团队研究学习指标	与同学做团队学习/研究项目	经常	11.1	8.2	13	10	11.4
		偶尔	51.9	63.3	52.8	67.5	57.1
		从来没有	37	28.6	34.3	22.5	31.4
	参与教师的研究项目	经常	7.4	4.1	11.4	10	11.4
		偶尔	55.6	53.1	44.5	57.5	57.1
		从来没有	37	42.9	44.1	32.5	31.4
	在课堂上做过小型报告	经常	7.4	6.1	8.7	7.5	8.6
		偶尔	48.1	59.2	53.5	62.5	42.9
		从来没有	44.4	34.7	37.8	30	48.6
	参与课堂讨论	经常	25.9	12.2	14.6	7.5	11.4
		偶尔	59.3	73.5	74	80	77.1
		从来没有	14.8	14.3	11.4	12.5	11.4
消极表现指标	不论任何原因的逃课	经常	0	2	6.3	5	5.7
		偶尔	33.3	49	41.3	52.5	51.4
		从来没有	66.7	49	52.4	42.5	42.9
	上课迟到	经常	0	6.1	5.1	7.5	5.7
		偶尔	59.3	57.1	65.4	72.5	62.9
		从来没有	40.7	36.7	29.5	20	31.4
	在课堂上睡觉	经常	3.7	4.1	7.9	0	8.6
		偶尔	66.7	63.3	68.1	87.5	57.1
		从来没有	29.6	32.7	24	12.5	34.3
	没能按时完成老师布置的作业	经常	3.7	8.2	10.2	10	11.4
		偶尔	51.9	57.1	51.2	57.5	40
		从来没有	44.4	34.7	38.6	32.5	48.6

续表

	过程项目	频率	价值背景型	价值素质型	价值能力型	外表能力型	安稳能力型
消极表现指标	在课堂上对学习感到厌倦	经常	14.8	16.3	17.7	20	20
		偶尔	70.4	65.3	73.6	75	77.1
		从来没有	14.8	18.4	8.7	5	2.9
课外学习指标	单独完成某项学习计划	经常	18.5	40.8	39	27.5	42.9
		偶尔	74.1	53.1	55.9	70	51.4
		从来没有	7.4	6.1	5.1	2.5	5.7
	课外与其他同学一起学习	经常	14.8	18.4	19.7	10	22.9
		偶尔	66.7	69.4	72.4	85	71.4
		从来没有	18.5	12.2	7.9	5	5.7
	在课外与同学讨论课程内容	经常	14.8	22.4	20.5	17.5	25.7
		偶尔	70.4	65.3	70.1	72.5	65.7
		从来没有	14.8	12.2	9.4	10	8.6

外表能力型学生在碰撞互动性学习方面表现比较突出，比例高达 32.5%，但团队研究性学习方面的比例最低，只有 2.5%，且表现消极的学生比例也明显高出总体，达 5.0%，此类学生对能力的认识应当更为全面，更善于与人交往互动。

安稳能力型学生在学习资源的利用上较为突出，比例达 34.3%，课外学习的比例最高，达 45.7%，同时有消极表现的学生比例达 5.7%，相对最高。此类学生学习过程的基本特征是更多的依靠书本，缺少带有交际与互动行为的学习过程，且消极表现较多。

四、生涯规划与就业观念

（一）生涯发展思考情况

大学毕业后如何发展，是每个在校大学生不可回避的问题，有人想过，更有人深入思考过。如表17所示，不同就业观念类型的学生，"想过且深入思考过"自己的职业生涯发展的学生比例，价值背景型最高，为53.5%，其次是价值能力型学生，为52.2%，再次为价值素质型，为50.8%，安稳能力型和外表能力型学生显著低于前三者，分别为45%和36.5%。总的来说，求个人价值实现的学生，想过且深入思考过的比例较高。

表17 不同就业观念类型学生的职业生涯思考情况

您曾经思考过自己的职业生涯发展吗（列 N%）	价值背景型	价值能力型	价值素质型	安稳能力型	外表能力型
想过且深入思考过	53.5	52.2	50.8	45	36.5
想过但不曾深入思考	45.3	47.1	48.3	53.6	60
从未想过	1.2	0.7	0.8	1.3	3.5

但就年级看，如表18所示，大一至大四学生中"想过且深入思考过"自己职业生涯发展的学生比例，呈递进之势，依次为41.2%、44%、52.5%和56.9%，符合学生发展的自然规律，即越是临近毕业工作的时间点，学生深入思考过的比例越高。

表18 不同年级学生的职业生涯思考情况

您曾经思考过自己的职业生涯发展吗（列 N%）	大 一	大 二	大 三	大 四
想过且深入思考过	41.2	44	52.5	56.9
想过但不曾深入思考	57	54.8	45.9	41.1
从未想过	1.7	1.2	1.6	1.9

不同学生群体职业生涯思考差异如图56所示。

男生和女生对职业生涯的思考情况没有显著差异，即不存在明显的性别差异。

但党员学生和非党员学生之间的差异非常显著，前者深入思考过的比例达56.7%，而后者只有45.4%。

从生源看，不同地域的生源之间略有差异。总的来说，越是家庭来自大城市的学生，深入思考过的比例越高，来自县城及以下地域的学生，有46%

深入思考过，相应的地区市的学生为 48.2%，而省会及以上城市的比例为 50.2%。

独生子女学生深入思考过个人职业生涯发展的学生比例为 48.4%，略高于非独生子女学生的 45.6%。

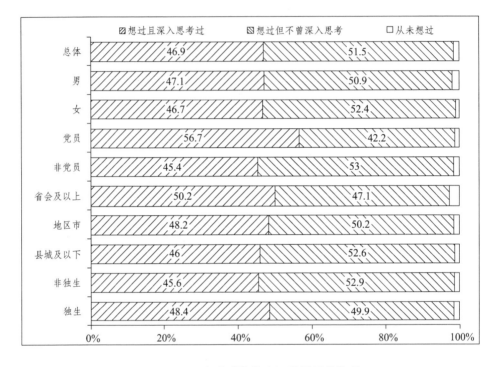

图 56　不同学生群体的生涯发展思考情况

（二）生涯方向确定情况

思考是行动的指南，深入的思考带来适当的结果。如图 56 和图 57 所示，总体上，确定了未来职业生涯方向的学生，总体上与想过且深入思考过的学生比例接近，前者达 46.9%，后者为 45.6%。

总体上，与近 5 成左右学生"想过且深入思考过"自己的职业生涯相比，"我经过认真的探索，已经确定我未来的职业生涯方向"的学生，只占 30.6%。

15% 的学生"没有经过认真的探索，主要是按照他人的期望确定了未来的职业生涯方向"。50.9% 的学生，正在做生涯探索，希望能找到未来的职业生涯方向，还有 3.5% 的学生，既没有做过探索，也没有确定职业生涯方向。

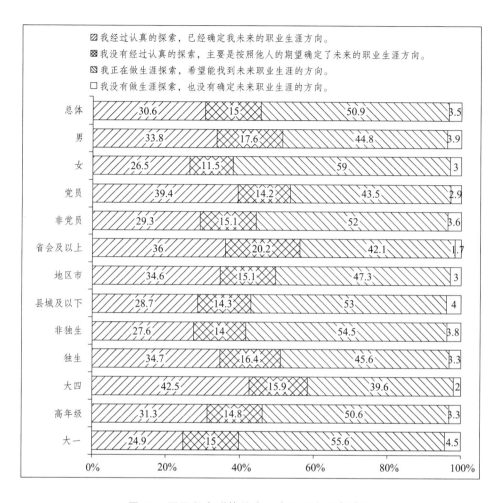

图 57 不同学生群体的生涯发展方向确定情况

从表 19 看，通过认真探索确定职业生涯方向的学生，想过且深入思考过的比例高达 78.5%。

而主要按照他人期望确定职业生涯方向的学生，深入思考过的比例只有 25.3%，绝大多数只是想过但没有深入思考过。

正在做职业生涯方向探索的学生，深入思考过的达到了 36.7%，但大部分（62.5%）只是想过但没有深入思考过。

而既没有做生涯探索，也没有确定生涯方向的学生，只有少数（12%）深入思考过，72.9%的学生只是思考过，更有高达 15% 的学生从未想过职业生涯发展的事情。

表19 职业生涯思考与方向确定的情况

	想过且 深入思考过	想过但 不曾深入思考	从未 想过
我经过认真的探索，已经确定 我未来的职业生涯方向	78.5	20.7	0.8
我没有经过认真的探索，主要 是按照他人的期望确定了未来的 职业生涯方向	25.3	72.3	2.4
我正在做生涯探索，希望能找 到未来职业生涯的方向	36.7	62.5	0.8
我没有做生涯探索，也没有确 定未来职业生涯的方向	12	72.9	15

表20 就业观念与职业生涯思考情况

（列 N%）	价值素 质型	价值能 力型	生活能 力型	外表能 力型	价值背 景型
我经过认真的探索，已经确定我 未来的职业生涯方向	35.1	33.2	29.9	23.7	19.8
我没有经过认真的探索，主要是 按照他人的期望确定了未来的职 业生涯方向	12.2	9.4	16.3	21.5	18.6
我正在做生涯探索，希望能找到 未来职业生涯的方向	50.3	55	50	49	60.5
我没有做生涯探索，也没有确定 未来职业生涯的方向	2.5	2.4	3.8	5.8	1.2

如表20所示，不同就业观念类型的学生，正在探索未来职业生涯方向的学生占到了各自学生比例5～6成，与总体的趋势基本一致，但不同类型的学生之间，依然存在明显的差别。

价值素质型学生自我探索确定了未来职业生涯方向的学生比例最高，为35.1%，按照他人期望确定的学生比例只有12.2%，低于总体的15%。

价值能力型学生自我探索确定了未来职业生涯方向的学生比例较高，为33.2%，依然高于总体。

外表能力型学生有15.0%是按照他人的期望确定。

价值素质型的学生只有8.2%是按照他人的期望确定。

不同就业观念学生比例高低不一，最高的安稳能力型的有 28.6%，其次价值素质型为 26.5%，其余 3 类均低于总体，又以价值背景型学生最低，只有 22.2%。

为何价值背景型和外表能力型学生的比例最低，应是背景相关的权力、金钱、社会关系等均系先天因素，非人力所能为，而外表较好的单位，竞争又非常激烈，所以方向难定；而安稳能力型学生，所求目标比较具体，且以能力为发展根本，后天努力可致，因而最高。

不论哪种就业观念的学生，大部分正在做生涯探索，比例在 6 成以上。不过，就业选项求价值的学生，问"路在何方"的比例，要高于选择求外表和安稳的学生，前者均高于、后者均低于总体 64.5%的比例。

（三）生涯辅导需求差异

本次研究调查，提供了 4 种协助学生职业生涯规划的工作内容，如表 21所示。其中，"掌握未来各种信息"系解决候选目标的可达性和可供判断使用的各种外部信息；"了解自我优势特质"与"澄清自我需求与价值"，皆是如何更好地了解自我，当为"内部"信息的挖掘与掌握；"掌握做选择与规划的方法"则是将"外"与"内"连接起来的方法与工具。

价值背景型学生，选择需要协助"澄清自我需求与价值"方面，比例达29.6%，是其他就业观念学生的两倍，但在需要协助"了解自我优势特质"方面，只有 25.9%，明显低于其他各类学生一成左右。认为发展靠背景、靠先天因素的学生，非常了解自身优势特质，但对自我需求与价值方面，了解相对要少。

安稳能力型的学生在"掌握未来各种信息"方面选择比例明显低于总体和其他类型学生，但对将"外"与"内"连接起来的方法与工具方面，需要协助的比例明显高于其他类型学生。

表 21　职业生涯规划最需要的协助

（列 N%）	价值背景型	价值素质型	价值能力型	外表能力型	安稳能力型	总体
掌握未来各种信息	33.3	32.7	33.1	40.0	25.7	33.1
了解自我优势特质	25.9	34.7	38.2	37.5	34.3	36.5
澄清自我需求与价值	29.6	14.3	13.8	10.0	11.4	14.3
掌握做选择与规划的方法	11.1	18.4	15.0	12.5	28.6	16.0

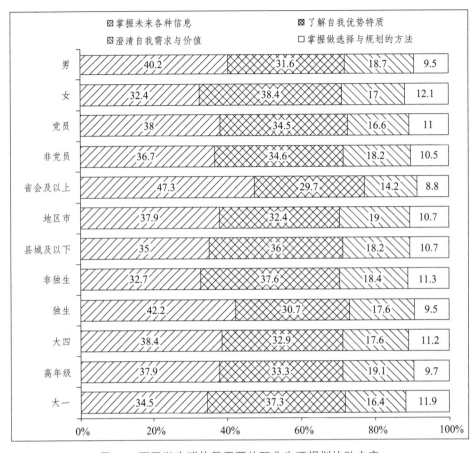

图 58　不同学生群体最需要的职业生涯规划协助内容

　　外表能力型的学生在"掌握未来各种信息"方面选择比例明显高于其他类型的学生，应进"外表"比较好看的单位的工作机会相对稀缺，更需要相关的信息来达成生涯目标。

　　如表 22 所示，4 成学生相信校友的经验可以为自己的职业生涯规划提供参考，但认为发展靠背景、选择求安稳的学生，比例相对要低一成。

　　一半的学生希望通过向科任教师了解专业发展状况，给自己职业生涯规划以参考，价值素质型的学生的比例只有 36.7%，表明此类学生对个人素质更加自信。

　　以能力求安稳、靠背景实现价值的学生，更倾向于"参加团体辅导，透过互动澄清个人想法"，比例分别达 63.0%和 48.6%，高于总体也高于其他各类学生；与之相反，价值素质型学生，更喜欢一对一的咨询，比例达 53.1%；不过，外表能力型的学生选择一对一的比例只有 25.0%，考虑到单位的外表标签比抽象的个人价值要具体得多，比例远低于总体和其他类型的学生，也属正常。

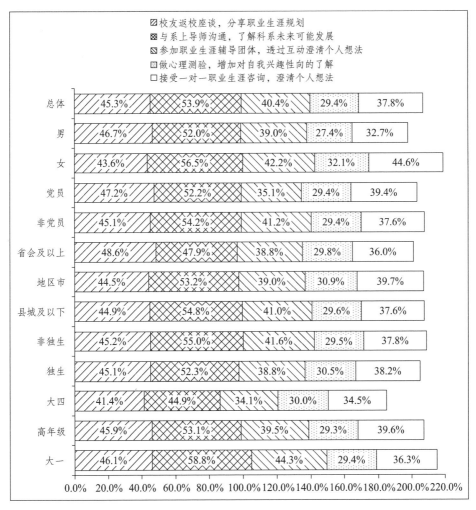

图 59　不同学生群体最需要的职业生涯规划协助方式（多选）

表 22　职业生涯辅导方式

列 N%（多选）	价值背景型	价值素质型	价值能力型	外表能力型	安稳能力型	总体
校友返校座谈,分享职业生涯规划	29.6	44.9	43.3	42.5	31.4	45.3
与系上导师沟通,了解科系未来可能发展	55.6	36.7	50.8	55.0	48.6	53.9

续表

列 N%（多选）	价值背景型	价值素质型	价值能力型	外表能力型	安稳能力型	总体
参加团体辅导,透过互动澄清个人想法	63.0	32.7	38.6	35.0	48.6	40.4
做心理测验,增加对自我兴趣性向的了解	44.4	32.7	32.3	22.5	17.1	29.4
接受一对一职业生涯咨询，澄清个人想法	33.3	53.1	37.0	25.0	37.1	37.8

五、个人经济与就业观念

（一）家庭收入与个人花费

调查受访学生家庭月均税前收入平均为3911.9元,月均花费826.3元（不含学费、住宿费,下同）,由于男生和女生之间的消费差别比较大,此处将性别差异一并加以分析。不同性别、不同就业观念学生的月均花费（不含学费、住宿费）、最近一年家庭税前月收入如图60所示。

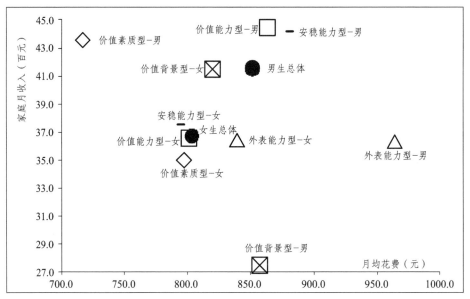

图60　就业观念与个人月均花费、家庭税前月均收入差异（元）

女生总体月均花费为803.4元,男生总体月均花费为851.2元,两者相差约50元。不同价值观念的女生之间,月均花费差距比较小,最大月均差额只有 43 元；不同观念男生之间月均花费差距较大，最大月均差额达 248 元。

外表能力型男生、外表能力型女生分别相对男生和女生月均花费最高，其中外表能力型男生家庭月收入低于男生家庭的平均水平；价值素质型男生家庭月收入相对较高，但月均花费相对最低。

（二）上学期间主要经济来源

价值背景型男生经济状况相对特殊。（1）家庭月收入相对最低且明显低于其他观念类型的学生，但月均花费保持在与男生的平均水平相当；（2）如图 61 所示，上学期间主要经济来源家庭供给的比例比其他类型学生至少低 10 个百分点，亲友接济、社会资助和使用助学贷款的比例明显要高于其他类型的学生，但在奖学金、困难补助和勤工助学获得的经济来源方面，又低于其他类型的学生。

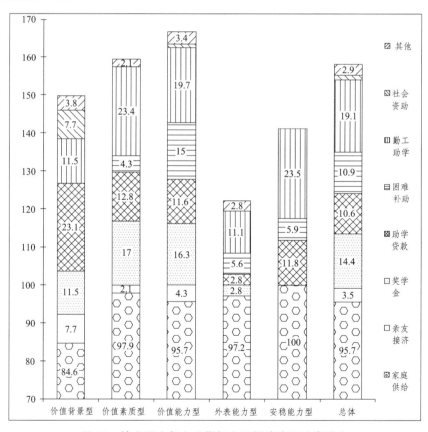

图 61 就业观念与上学期间主要经济来源（多选）

（三）就业观念与金钱观念

相对总体而言，根据图 62，不同类型学生比较突出的金钱观念如下：

图例：⊿完全同意　◣趋向同意　⊠不同意不反对　▨趋向反对　□完全反对

陈述	类型	完全同意	趋向同意	不同意不反对	趋向反对	完全反对
我想节约花费但很难	价值背景型	11.1	37.0	37	7.4	7.4
	价值素质型	20.4	46.9		28.6	2
	价值能力型	15.9	38.8		31.4	12.2
	外表能力型	20.5	30.8		48.7	
	安稳能力型	23.5	44.1		23.5	5.9
	总体	17.3	39.3		32.5	8.9
我对自己的花销非常谨慎	价值背景型	11.1	25.9	51.9		7.4
	价值素质型	8.2	49.0	32.7	6.1	4.1
	价值能力型	14.3	40.0	41.2		4.1
	外表能力型	15.4	35.9	41		7.7
	安稳能力型	11.8	38.2	35.3		11.8
	总体	13.2	39.6	40.4		5.6
金钱高于人格	价值背景型	7.4	3.7	25.9	22.2	40.7
	价值素质型	6.1	10.2	24.5	22.4	36.7
	价值能力型		6.5	18.8	33.5	38
	外表能力型	5.1	12.8	38.5	23.1	20.5
	安稳能力型	2.9	20.6	35.3		38.2
	总体	4.1	7.1	22.1	30.5	36.3
会花钱比会挣钱更重要	价值背景型	11.1	22.2	25.9	22.2	18.5
	价值素质型	10.2	22.4	49	6.1	12.2
	价值能力型	11.0	28.6	31.8	17.6	11
	外表能力型	17.9	15.4	51.3	10.3	5.1
	安稳能力型	5.9	26.5	41.2	17.6	8.8
	总体	11.2	25.9	36.3	15.7	10.9
金钱是人生幸福的决定性因素	价值背景型	3.7	29.6	37	14.8	14.8
	价值素质型	4.1	12.2	44.9	20.4	18.4
	价值能力型	3.3	15.9	38	25.3	17.6
	外表能力型	7.7	15.4	46.2		28.2
	安稳能力型	2.9	32.4	35.3	14.7	14.7
	总体	3.8	17.8	39.3	23.4	15.7

图 62　就业观念与金钱观念

（1）价值背景型学生节约花费不是很难，但"同意"（完全同意和趋向同意合计，下同）的绝对比例仍然达到了 48.1%，对自己的花销也不是非常的谨慎；对"非常谨慎"表示"同意"的比例只有 37.0%；就"金钱是人生幸福的决定性因素"而言，同意的比例达 33.4%，远高于总体的 21.6%。

（2）价值素质型学生"同意"对自己的花销非常谨慎的比例相对最高，达 57.2%，但有 67.3%的学生表示"想节约花费但很难"；在"金钱高于人格"方面，价值素质型学生"同意"的比例达 16.3%，但在"金钱是人生幸福的决定性因素"方面，只有 16.3%，明显低于总体和其他类型学生。

（3）71.5%的价值能力型学生明确"反对"（完全反对和趋向反对合计，下同）"金钱高于人格"的说法，"同意"的比例也仅有 9.8%；对"金钱是人生幸福的决定性因素"的说法，"反对"的比例相对最高，达 42.9%。

（4）外表能力型学生与总体的金钱观念比较接近，但在"金钱高于人格"方面，"同意"的比例相对最高，达 17.9%，且"反对"的比例最低，只有 43.6%，远远低于其他类型。

（5）安稳能力型学生"想节约花费但很难"的比例最高，达 67.6%；就"金钱高于人格"而言，"同意"的只有 5.8%，相对最低，而"反对"的达 73.5%，相对最高；不过，35.3%的此类学生"同意""金钱是人生幸福的决定性因素"的说法，"反对"的比例也最低，只有 29.4%。

六、社团活动与就业观念

学生人均参加社团的数目为 1.5 个，价值背景型学生参加数目为 2 个，其余不同类型学生参加数量基本相同。

在社团活动时间花费上，价值背景型学生远高于其他类型的学生，周均社团活动参与时间达 4.29 小时，但总体只有 2.44 小时，外表能力型和安稳能力型学生周均分别只有 1.55 小时和 1.40 小时。

由参加的社团数量和社团活动参与时间看，价值背景型学生是社团及其活动的深度参与者。对认为发展靠权力、社会关系、金钱的学生来说，社团是扩展社会关系，体验权力乃至金钱的重要机会之一。

总体上，就业选择偏向个人价值的学生，其周均社团参与时间要明显高于非个人价值偏向的学生。

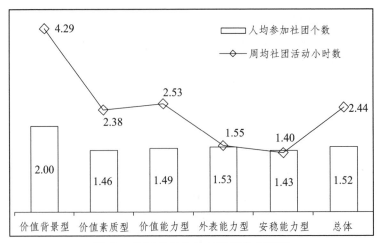

图 63　社团参加数目与周均参与时间

七、上网情况与就业观念

（一）上网工具与地点

调查表明，97.1%的学生拥有智能手机、笔记本电脑、台式机或者平板电脑中的至少一种上网工具，且以笔记本电脑和智能手机为主。如图 64 所示：

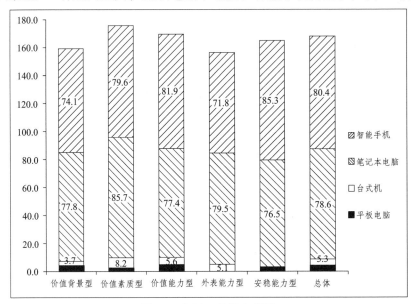

图 64　上网工具拥有情况

　　价值背景型和外表能力型学生拥有上网工具的数量略少于其他类型的学生，平均分别只有 1.59 件和 1.56 件，其中智能手机的拥有量分别只有 74.1% 和 71.8%；

　　价值素质型学生拥有各类上网工具的数量以及笔记本电脑的比例最高，平均为 1.76 件，85.7% 拥有笔记本电脑；

　　安稳能力型学生拥有智能手机的比例最高，为 85.3%，笔记本比例略低于总体，为 76.5%。

　　上网地点情况如图 65 所示，寝室是学生首要的上网地点，其次是"手持设备"，再次是网吧和校内机房/实验室，在外租房屋里上网的比例非常少。

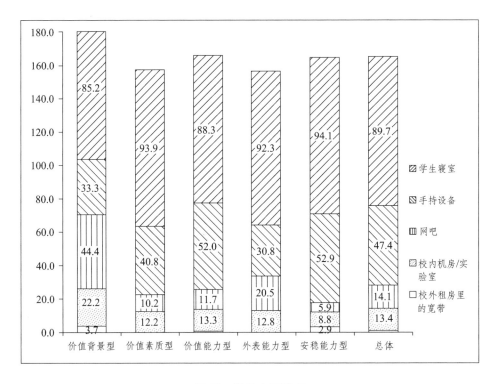

图 65　学生上网地点

　　与拥有手机的比例相对较低呼应，价值背景型和外表能力型学生通过"手持设备"上网的比例相对最低，分别只有 33.3% 和 30.8%，在网吧上网的比例则明显高于其他类型学生，分别高达 44.4% 和 20.5%，其中价值背景型学生在校内机房/实验室上网的比例也要明显高于其他类型的学生。

（二）上网频率与目的

总体上，学生上网的频率相对较高，48.4%的学生平均每周有 5 天或 5 天以上的日子上过网，平均每周 3 ~ 4 天的达 33.0%，如图 66 所示。

其中，价值背景型学生比外表能力型和安稳能力型学生的上网频率要略低。

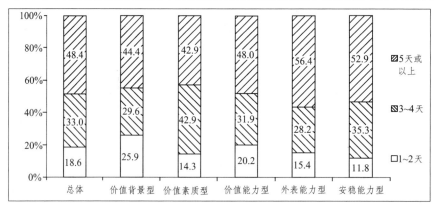

图 66　学生平均每周上网频率

不同类型的学生主要使用的网络应用（上网目的）略有差异。总体使用比例超过 30%的应用有 8 类，如 67 所示。

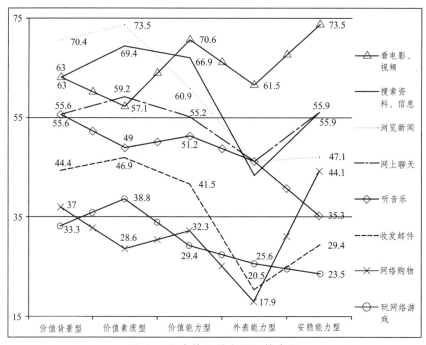

图 67　学生使用的主要网络应用

价值背景型和价值素质型学生对各种网络应用的使用比例均比较高，首重新闻与信息类应用，其次才是看电影、视频等娱乐类应用，但两者网络聊天、收发邮件和玩网络游戏的比例要高于其他类型的学生。

外表能力型学生对各种网络应用的使用比例均相对较低，看电影、视频的比例远远高于其他应用。

安稳能力型学生更是电影、视频狂人，网购达人。看电影、视频的比例远高于其他的网络应用，达73.5%，网络购物的比例达44.1%，但对网络游戏和网络新闻颇不感冒，使用的比例均相对最少，分别只有23.5%和47.1%。

八、时间花费、时间观念与就业观念

（一）周均时间花费

调查设计时将学生的时间花费分为11个模块，基本涵盖了学生全部的校园生活。不同就业观念类型学生的周均时间花费如图68所示。

总体看，上课、做实验，与朋友交往，自习、做作业，锻炼身体、参加体育活动，看电视/电影是学生时间花费的主要部分，小计36.36小时，占到了周均时间花费的7成以上。

价值背景型学生是时间花费最重的一类，周均时间花费为58.88小时，远高于总体和其他类型的学生，其兼职工作、参加聚会、参加学生社团活动、玩电子游戏和与朋友交往的时间花费均居首位，分别为3.12小时、3.19小时、4.29小时、4.27小时和10.39小时。

外表能力型学生是时间花费最轻的一类，周均时间花费只有44.02小时，明显低于总体和其他类型的学生。其各项时间花费相对属于最低的一类，但看电视/电影的时间却高于总体，仅次于安稳能力型学生，自习、做作业的时间尤其不足，考虑时间花费的比例，属于学习不足，娱乐有型的学生。

安稳能力型学生是学习时间花费最多的一类，尽管他们看电视/电影的时间相对最高，但仍然属于学习最努力的一个群体。上课、做实验的时间是12.82个小时，自习的时间高达9.49小时，看电视/电影达5.89小时，远高于总体和其他类型学生。但代价是安稳能力型学生牺牲了部分身体锻炼的时间，以及参加聚会、学生社团活动的时间，周均分别只有3.89小时、1.4小时和1.81小时。

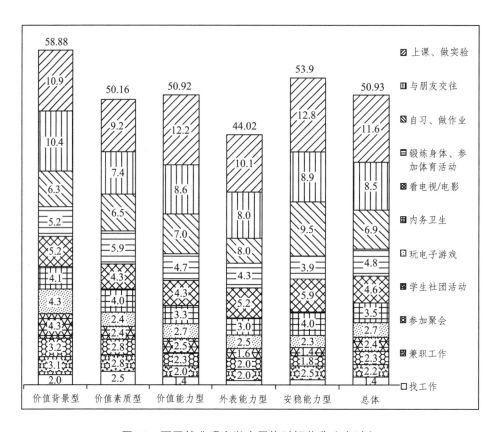

图 68　不同就业观念学生周均时间花费（小时）

价值素质型学生的时间花费相对比较均衡，且锻炼身体、参加体育活动的时间最高，为 5.92 小时；与朋友交往的时间相对最少，为 7.41 小时，低于总体 1 个多小时。

价值能力型学生占全部学生的比例达 6 成，其时间花费情况，与总体的情况比较类似，但在学习时间、社团活动方面，相对总体略有高出。

（二）时间观念

调查共设计了 5 条与时间观念有关的语句，调查结果如图 69 所示。总体上，约 8 成的学生（"完全同意"加"趋向同意"，下同）对守时的问题非常看重，6 成多的学生表明自己的生活很有规律，56.0% 的学生表示比较善于管理自己的时间，55.3% 的学生表示自己做事一向都有计划，另有约 3 成的学生表示有大把的时间不知道如何打发。

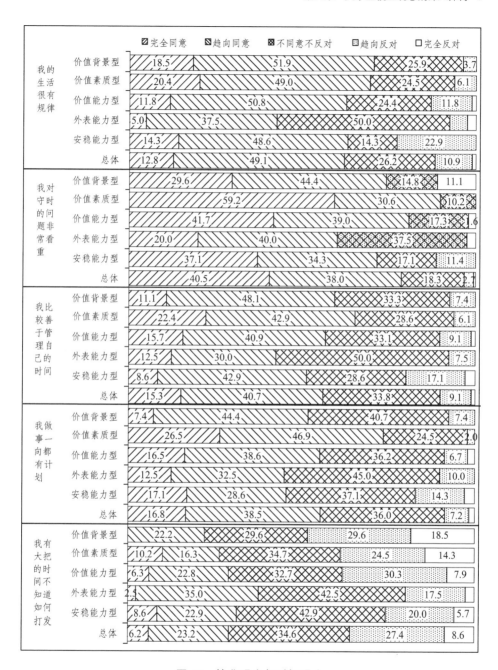

图 69 就业观念与时间观念

价值能力型和安稳能力型学生与总体情况基本一致，但安稳能力型学生在做事的计划性方面低于总体 9.6 个百分点。

价值背景型学生整体而言，是生活最有规律的类型，且比较善于管理自己的时间，没有大把的不知道如何打发的时间，相关比例分别达 70.4%、59.2% 和 22.2%；不过对守时问题的看重情况以及做事一向有计划的比例略低于总体，但仍然分别高达 74.0% 和 51.8%。

价值素质型学生是最看重守时的群体（89.8%），且生活很有规律的比例也相当高（69.4%），在比较善于管理自己的时间（65.3%）和做事一向都有计划（73.4%）方面，更是卓然出众，有大把时间不知道如何打发的比例只有 26.5%。

外表能力型学生的时间观念和管理能力是相对最欠缺的群体。对守时问题非常看重的只有 60.0%，生活很有规律的比例只有 42.5%，在比较善于管理自己的时间（42.5%）和做事一向都有计划（45.0%）方面，更是明显逊色于总体和其他类型的群体，因此有大把时间不知道如何打发的比例高达 37.5%。

九、分类特征及就业观念分类引导建议

此次调查表明，个人价值的实现是大学生的主流选择，依靠个人能力实现生存与发展是大学生的主流认知，颠覆了一段时期以来部分教师和社会公众对大学生的偏颇印象。

学生的就业选择并未停留在精英教育的时代，但是大部分家长的期望与社会人士关于成功的观念仍停留在精英教育时代。普通高校的任务是对学生进行系统的知识传授与科学的思维体系培养，而非职业培训与职业推荐机构，但社会与家长对大学的功利性认知与大学固有的功能之间存在错位。

总体上，大学生就业观念的指导，重点应是科学认识个人价值的具体涵义，在理性认识家长传统精英教育时代期望的基础上予以理解，对当前社会流行的狭隘的成功观念进行清醒的认识，帮助学生实现真正的自我价值。在生涯辅导方面，引导学生深入思考个人生涯发展，尽可能基于深入思考的结果确立生涯发展方向，从而根据目标调整自己的学习与校园生活。

同时，我们也看到，部分学生持有有别于实现个人价值的就业选择观念，对此应予以理解、包容和尊重。生活毕竟是五颜六色的，不同的学生，成长的环境与经历不一样，在当今这样一个资讯相对发达、价值观念逐渐多元的时代，持不同的观念实属正常。因此，对不同类型的学生，根据其基本特征辅导的重点应有所不同。

（一）价值背景型学生

价值背景型学生认为发展主要靠家庭背景条件来实现个人价值。

1. 基本特征画像

男生（80.8%），独生子女比例偏高（42.3%），父母受过高等教育的比例较低，属于下岗工人的比较多。

学习压力略微偏大，学习更多是靠兴趣驱动，周均学习时间一般，课外学习略少，显得不够努力，学习过程以书面资源利用为主，学习目标比较清楚，对专业目标较为模糊，对学习成绩要求很低且挂科最严重。

近半学生深入思考过自己的职业生涯发展，但没有确定好职业生涯发展方向的比例最高。进行职业生涯规划时，更希望在"澄清自我需求与价值"方面得到协助，偏向于参加团体辅导澄清个人想法，并偏向与导师沟通专业发展前景。

此类学生中男生的家庭月收入最低，月均花费与总体基本持平。上学期间主要经济来源比较多样化，家庭为主但供给比例较低，靠助学贷款和社会资助的最多。虽然表示节约花费不是很难，但对自己的花销也不是非常的谨慎，对金钱因素在人生幸福的决定性作用方面，给予了较高的权重。

此类学生是最积极的社团及社团活动参与者，喜欢泡网吧和校内的机房，手机拥有比例略低，对时间的利用较为充分，与朋友交往时间花费比较多。虽然上网的频率略低，上网以信息利用为首，其次才是娱乐，但每周花在电子游戏上面的时间过长，尽管他们自认为生活很有规律。

2. 就业观念引导建议

价值背景型学生就业观念引导的重点，首先在于对"拼爹"的认识。社会上部分存在的"拼爹"现象，使得此类学生内心存在某种无力感，学习的动力不足，对学习成绩好坏不是太在意，导致学习面临压力。其次，对自我需求与价值感到迷茫，对自己想要成为什么样的人，究竟需要什么感到迷茫，缺乏生活的目标，更多地通过参与社团活动和电子游戏来获得自身的存在感和参与感，需要帮助其做好生涯规划，确立好具体的人生与生活目标。最后，此类学生的经济压力相对较大，在经济上需要予以更多的帮助。

（二）价值素质型学生

价值素质型学生是以自己的素质提升来实现个人价值。

1. 基本特征画像

偏男生（57.4%），父母受高等教育比例略低，父母以农民为主，在体制内工作的少。

学习压力不大，学知识更重素质，学习目标很清晰，对专业前景了解一般，课外自习比较主动，略好碰撞互动学习，学习成绩标准不是太高，努力程度一般，挂科情况比较严重。

近半学生深入思考过自己的职业生涯发展，自主确定生涯发展方向的学生较多，对自我需求与价值较为了解，偏好一对一的生涯咨询辅导，并偏好从校友处获得相关经验。

此类学生中男生家庭收入较高但花费最省，女生收入和花费均一般。上学期间主要经济来源高度依赖家庭，勤工助学金、奖学金拿得最多。虽然想节约花费但很难，不过对自己的花销最为谨慎，对金钱在人生幸福中的决定性作用看得最淡。

学生社团活动参与一般化，是体育运动爱好者。平均拥有各种上网工具的数量最多，尤其是笔记本电脑。喜欢在寝室里上网，上网的频率不高也不低，他们上网首先看重新闻与信息类应用，其次才是看电影、视频等娱乐类应用，更加喜欢网络聊天和玩网络游戏，但时间比较节制。此类学生非常看重守时的问题，比较善于管理自己的时间，做事一向很有计划。

2. 就业观念引导建议

价值素质型学生属于校园生活比较积极、学习自主性比较高的群体，引导的工作比较简单。此类学生就业指导或者生涯辅导需要着重两方面。一方面是督促其提高努力学习的程度，减少挂科现象；另一方面是给予更多交流、互动、团体学习的机会。

（三）价值能力型学生

价值能力型学生希望以自己的能力，求得个人价值的实现。

1. 基本特征画像

偏女生（54.5%），父母受过高等教育、在体制内工作的最多。

学习压力不大，学习目标比较清晰，对专业前景了解情况一般，对学习成绩要求比较高，学习比较努力，课外自习做作业花费的时间比较多，挂科情况相对轻微。

近半学生深入思考过自己的职业生涯发展，但只有三分之一的学生确定了生涯发展方向，最希望掌握未来发展有关的各种信息，以及了解自我优势特质，偏好从校友处获得生涯规划经验，以及与导师沟通了解专业发展前景。

此类学生中的女生家庭收入与花费均一般，男生家庭收入与花费相对较高。上学期间主要经济来源高度依赖家庭，但来源多样化明显，获得困难补助最多，奖学金、勤工助学金拿得很多，略次于价值素质型学生。想节约花费稍微有点困难，但对自己的花销还是趋于谨慎，认为会花钱比多挣钱更重要，对金钱在人生幸福中的作用，给予的权重较低。

对学生社团活动的参与较为积极，绝大部分拥有手机和笔记本电脑，偏好使用手机上网，上网频率较高，上网首先看重视频娱乐，但娱乐时间最为节制。比较看重守时的问题，生活规律一般，少部分中感觉大把时间不知道如何打发。

2. 就业观念引导建议

价值能力型学生也是属于校园生活比较积极的类型。从数量和比例上看，是学生群体主流中的主流。在大的观念层面，此类学生不需要过多的干预和引导，但在具体的领域上可从如下三个方面予以引导。首先，是学习压力宣泄引导。此类学生的一半具有一定的学习压力，挂科 4 门及以上的学生比例也有 5.1%，经常在课堂上对学习感到厌倦的学生比例达 17.7%；其次，做好辅导，引导学生做好职业生涯规划，学生既有对未来"路在何方"的思虑，也有更加了解自我优势特质的强烈需求，并比较偏好校友的座谈与分享；最后，引导学生提高周均时间利用率。目前，此类学生周均时间利用约为 51 小时，在课外自主学习、社会活动方面，可以提升参与程度，有效利用好宝贵的学习时光，在做事的计划性方面需要引导提升，提高时间管理能力。

（四）外表能力型学生

外表能力型学生以自己的能力，希望求得"外表"好看的工作单位。

1. 基本特征画像

中性（男 52.8%，女 47.2%），父母受过高等教育的很少，在体制内工作的比较少，在民营、外企工作的比较多，从事个体工作的最多。

学习压力一般，学习目标不清晰，对专业前景不清楚，学习最不努力，不喜欢课外学习，碰撞互动学习过程突出，积极参与团队学习，对学习成绩要求一般，挂科情况不好不坏。

近半学生深入思考过自己的职业生涯发展，按照他人期望确定生涯发展方向的较多，还有一些既无探索又无方向，对未来发展有关的信息非常渴求，对自我优势特质了解不够，偏好与导师沟通的职业生涯辅导方式。

此类学生家庭收入一般，但男生月均花费最高，主要经济来源高度依赖家庭，其他来源占比最少，很少使用助学贷款，获得奖学金的少得可怜。花销比较谨慎，想节约花费也不是很难，认为金钱高于人格的比例较多。

社团活动参与不积极，拥有手机的比例相对较高，以寝室上网为主，但不太喜欢手机上网，略微偏好泡网吧。喜欢上网看电影和视频，花费的时间比自习和做作业高，对其他网络应用不太热衷。时间利用率最低，生活不太规律，时间管理能力欠缺，相对没有那么看重守时的问题，更不善于管理自己的时间，做事最没有计划，有大量的时间不知道如何打发。

2. 就业观念引导建议

外表能力型学生引导的重点，首先是理性择业，别把就业单位的外表看得太重，把择业的重点转移到个人价值的实现与社会需求方面，帮助学生拓宽选择和发展空间；其次是引导学生增强生活与思想的独立性，更多地依靠自己深入思考来确定职业生涯的发展方向。鉴于此类学生偏好于导师沟通的职业生涯辅导方式，可以充分发挥专业教师在此类学生就业引导中的作用；第三，为此类学生提供具体的校园活动、社会活动、社团活动参与的机会，降低其娱乐方面的时间花费，提高时间管理能力，进而提高时间的利用率。

（五）安稳能力型学生

安稳能力型学生希望以自己的能力，求得相当不错的待遇和稳定的生活。

1. 基本特征画像

女生（79.4%），父母受过高等教育的比例最高，在体制内工作的比例一般，从事个体工作的较多。

此类学生学习压力比较大，最看重学习知识的能力，认为学习成绩不好照样有前途，不太同意只学习感兴趣的东西，学习目标比较清晰，但对专业前景说不好。对学习成绩要求较高，挂科最少，从学习时间看是学习最努力的一类，自习和做作业的时间远超其他类型学生，从学习过程看，属于课外学习型和书本学习型（资源利用型）学生，交流互动、团队学习少。

近一半的学生深入思考过自己的职业生涯发展，大部分通过自己的探索确定了职业生涯方向。最需要的生涯规划协助是了解自我优势特质以及规划的方法，偏好团体辅导的帮助方式。

此类学生中的男生家庭收入较高，花费情况略高于男生总体，女生家庭收入与花费一般化。主要经济来源方面，家庭供给100%，获得困难补助最多，获得奖学金不多，来源多样化不明显。想节约花费但很难，花销一般谨慎，最反对金钱高于人格，但又最看重金钱在人生幸福中的决定性作用。

此类学生对社团活动最不热衷，最喜欢上网，拥有智能手机的比例最高。最经常上网的地点是寝室，偏好使用智能手机，最不喜欢去网吧，个别的在校外租住的房子里上网，最热衷的上网活动是看电影、视频，也是网购达人群体。此类学生时间花费方面比较随意，时间利用比较均衡，学习娱乐两不误，但锻炼身体的时间相对较少。

2. 就业观念引导建议

安稳能力型学生相信"书中自有黄金屋"，是学习最努力的一类学生。此类学生引导的重点，首先是就业选择观念的改变，此类学生选择工作时，对薪酬福利、工作稳定性、工作舒适程度等要求比较高，作为应届毕业生，这样的工作机会比较少，竞争也非常激烈，不容易实现就业，需要做一些就业观念和目标的调整；其次是学习模式的引导，改变其"（书本）资源利用型"的学法，提供一些团体学习、研究性学习的机会，提高他们与教师及同学交流学习的积极性和主动性；最后，引导他们提高自身的综合素质，提升获得更好工作目标的竞争力，积极地参与课外活动，多参与甚至组织各类学生活动，加强身体锻炼，提高平均每周的体育活动以及其他身体锻炼活动的时间。

十、本章小结

本章主要通过实证研究的方法，对大学生的就业观念、生活形态进行了较为全面的调查。根据调查数据，从就业选择观念和生涯发展观念出发，探索给出了大学生就业观念的因子分类模型，并根据模型计算结果，将大学生分为9种群体，对其中5种主要类型学生的自然属性、学习、生涯规划、生活花费、社团活动、网络使用、时间花费及时间观念进行了定量分析和比较，得出了不同类型学生的一些特征，给出了分类引导的建议，对提高大学生就业指导工作的针对性和有效性，具有积极的促进作用，达到了研究的目标。

大学生就业观念分类模型虽然从统计上得到验证和检验，但对其他高校大学生分类的有效性，有待进行更大规模和范围的调查数据，做进一步的验证。本研究因团队人员少，经费不足，导致样本的范围及规模均受限制，主要表现在：（1）有4个类型的学生样本数量非常少，每类学生只有3个或者4个，根本不足以进行任何分析，且占所有样本的比例也非常小，因此排除在本报告的分析范围之外；（2）价值背景型学生样本数量只有27，略低于30，从统计上，会稍微影响分析数据的稳定性。

另一个值得深入探讨的课题是大学生对个人价值的认知，即大学生所追求的个人价值，其具体内容是什么？本研究仅从就业选择的角度，就工作的创新性和自主性、发展机会和潜力、为社会发展进步工作、企业文化、个人兴趣爱好等方面提供了部分答案。但对"个人价值"的具体认知，有待进一步的研究。

第五章　网络环境对大学生信仰影响的实证分析

一、术语界定及假设

（一）网络环境

网络环境指大学生所能使用的网络工具及其接触的网络信息所构成的特定环境。

网络就其本身的含义而言，是由节点和连线构成，表示诸多对象及其相互联系的模型。网络有两层基本的含义：物理性质的网络和社会意义的抽象网络。在本研究中，网络特指信息交流网络的互联网，即作为媒体的网络，侧重网络内容，这些内容构成了网民的网络信息环境。网络环境的主要内容是网络信息资源。

但网络上的信息资源异常丰富，信息量异常巨大，作为个体，存在"接触"到所有的信息内容的可能，但对于具体的个人，"吾生也有涯，而知也无涯"，实际上不可能接触到所有的信息内容。而环境在时间和空间上都是限定的。因此，本课题中，通过调查的方式，确定大学生的网络环境的边界。

确定网络环境空间边界的主要变量有：上网频率、用网程度、接触新闻内容类型、网络使用行为类型（依据前面泛媒介的定义，网络使用行为等同于接触特定的网络信息资源）等；而网络环境的时间边界，则由大学生这一身份即大学就读时间段落来确定：在大学期间接触的网络信息资源内容。

（二）大学生信仰

从大学生思想政治教育工作的角度，大学生信仰的核心是对共产主义、社会主义的信仰，对党的领导的信仰。这里我们使用高校学生思想政治状况滚动调查中关于信仰的一些核心题目予以具体化和操作化。使用如下态度测量语句，从非常同意到非常反对划分为5个等级。

核心信仰部分：（1）社会主义终究可以战胜资本主义；（2）社会主义和资本主义逐步趋同；（3）社会主义和资本主义两种制度的共存和斗争是长期的；（4）必须坚持马克思主义在我国意识形态领域的指导地位；（5）我们要借鉴人类政治文明的有益成果，但绝不照搬西方政治制度的模式；（6）社会主义现代化建设必须坚持党的领导；（7）发展社会主义市场经济，不得不以牺牲精神文明为代价；（8）中国共产党有能力把自身建设好；（9）对外交往应以国家利益为先。

发展认知部分：（1）综合国力全球第二，仅次于美国；（2）经济增长质量提高；（3）政治体制改革深化；（4）社会文化加快进步；（5）各种经济社会问题得到妥善解决；（6）实现全面小康。

行为部分：是否党员及是否申请入党；入党动机。

具体价值观部分：集体观、公德观、环保观、金钱观、公益观。

（三）有关假设

1. 其他因素对大学生信仰的影响具有同质性

影响大学生信仰的因素有很多，从生活环境考虑，除了网络环境，还有校园环境、家庭环境等、其他媒体信息环境等。考虑到大学生过往的主要生活环境以校园生活为主，而校园生活环境属于制度化的环境，具有非常强的同质性。比如，在大学期间，制度化的课程教学，对所有的大学生而言基本相同。考虑到使用网络作为主要新闻媒体的大学生，在86.3%以上，拥有至少一种上网工具的学生，几乎100%，"环境"对人的影响是一个潜移默化的过程，因此，我们可以假定，其他因素对大学生信仰的影响具有非常强的同质性，网络环境是大学生信仰的主要影响因素。

2. 网络环境对大学生信仰的影响具有多向性

网络环境非常复杂，可能弱化大学生正确的信仰，也可能强化其正确的信仰，或者没有影响；网络环境对大学生信仰的影响具有多向性。

二、上网频率与信仰

（一）上网频率与核心信仰

核心信仰一共 9 条陈述语句，对应 9 个变量，相互之间共线性在 0.01 水平上均显著，不适合做聚类分析，利用加总后分段赋值的办法，将 9 个变量整合为一个变量，将持"完全反对"和"趋向反对"态度的合并为"反对"态度"，变为 4 个等级，与上网频率做对应分析，结果如图 70 所示。维度 1 的惯量为 0.954 接近 1，故主要从维度 1 考察相关结果。

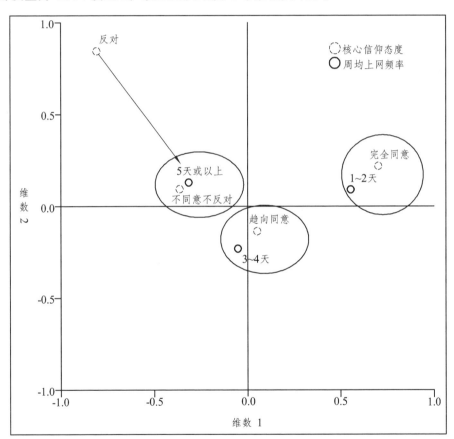

图 70　上网频率与核心信仰对应分析结果（对称的标准化）

根据图 70 落点位置及两类点之间的距离，上网频率越低的学生，趋向同意的比例越高。平均每周只有 1～2 天上过网的学生，与持"完全同意"态度的学生最近，平均每周有 3～4 天上过网的学生，与持"趋向同意"的学生最近，而持"中立"和"反对"态度的学生，与平均每周上网 5 天及以上的学生最近。

分别对不同性别、不同年级以及不同政治面貌的学生进行对应分析，所得结果与总体结果类似，不过党员的上网频率与核心信仰之间的关系不明显（卡方检验在 0.05 的水平上显著，其余类型群体的检测均在 0.01 的水平上显著）。

结论：总体上，上网频率越高的学生，其核心信仰受网络负面影响的程度越高，总体相关系数为-0.118（Spearman 相关性，0.01 水平显著），γ 值为-0.164，绝对值大于 0.1，故负面影响明显。

（二）上网频率与社会发展认知

社会发展认知一共 6 条陈述语句，对应 6 个变量，相互之间共线性在 0.01 水平上均显著，利用加总后分段赋值的办法，将 6 个变量整合为一个变量，将持"非常悲观"和"趋向悲观"态度的样本合并为"悲观"态度"，变为 4 个等级，与上网频率做对应分析，结果如图 71 所示。维度 1 的惯量为 0.934 接近 1，故主要根据维度 1 考察相关结果。

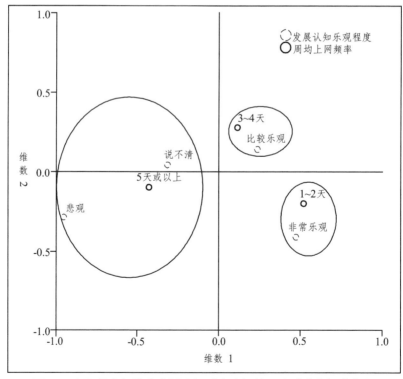

图 71　上网频率与社会发展认知对应分析结果（对称的标准化）

根据图落点位置及两类点之间的距离，上网频率越低的学生，趋向乐观的比例越高。持"乐观"态度的学生均落在维度1零点的右边，持"说不清"和"悲观"态度的均落在左边；从落点之间的距离看，平均每周只有1~2天上过网的学生，与持"非常乐观"态度的学生最近，平均每周有3~4天上过网的学生，与持"比较乐观"的学生最近，而持"说不清"和"悲观"态度的学生，与平均每周上网5天及以上的学生最近。

结论：总体上，上网频率越高的学生，其社会发展认知受网络负面影响的程度越高，总体的相关系数为-0.146（Spearman相关性，0.01水平显著）。γ值为-0.195，故负面影响明显。相关系数绝对值大于上网频率与核心信仰的相关系数，原因在于社会发展认知态度陈述语句与社会现实的语意阶梯要低（没有那么抽象），因此，社会发展认知受网络负面影响的程度要高于核心信仰。

（三）上网频率与具体价值观

1. 上网频率与集体观

集体观一共5条陈述语句，对应5个变量：我通常将国家和集体利益放在个人利益前面，我的集体荣誉感很强，我更喜欢自己一个人做事，我总是积极参加各种集体活动，我更喜欢团队合作。

利用加总后分段赋值的办法，将5个变量变为一个变量，考虑"非常弱"的学生数量非常少，与"比较弱"合并为"弱"项，与上网频率做对应分析，结果如图72所示。维度1的惯量为0.946，非常接近1，故主要根据维度1考察相关结果。

根据图72落点位置及两类点之间的距离，上网频率越低的学生，集体观念越强。平均每周只有1~2天上过网的学生，与"非常强"的学生最近，平均每周有3~4天上过网的学生，与持"比较强"的学生最近，而持"一般"和"弱"的学生，与平均每周上网5天及以上的学生最近。

结论：总体上，上网频率越高的学生，其集体观受网络负面影响的程度越高，总体的相关系数为-0.086（Spearman相关性，0.01水平显著），γ值为-0.128，故负面影响明显。

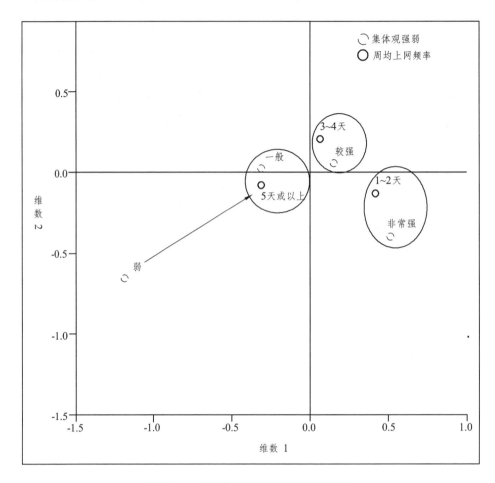

图 72　上网频率与集体观对应分析结果

2. 上网频率与公德观

公德观一共 5 条陈述语句，对应 5 个变量：与恋人在公共场合亲热无碍他人，在教室、图书馆我总是将手机调为静音或关机，我不喜欢在教学楼和图书馆大声说话的人，我从没乱丢过垃圾，我经常在公交车上给人让座。

利用加总后分段赋值的办法，将 5 个变量变为一个变量，将"非常弱"与"有点弱"合并为"弱"，（比例非常低，合计为 0.6%），对应分析的结果不明显，故改用两者交叉分析的方法，结果如表 23 所示，两者之间的相关系数为-0.077（Kendall，p=0.000），对称分析 γ 值为-0.032，绝对值远小于 0.1，两者相关不明显。

结论：上网频率的高低，对公德观的影响可以忽略不计。

表23　上网频率与公德观交叉分析

%		公德观强弱				合计
		有点弱	一般	较强	非常强	
过去两个月中，平均每周有多少天上过网？	1～2天	26.8	21.4	26.2	28.1	26.1
	3～4天	36.6	40.1	31.3	32.3	32.8
	5天或以上	36.6	38.5	42.4	39.6	41.1
合计		100.0%	100.0	100.0	100.0	100.0
Pearson χ^2=34.845　df=6　p=0.000<0.01						

3. 上网频率与环保观

环保观一共4条陈述语句，对应4个变量：我常常以实际行动支持环保，我总是及时关闭电器/水龙头开关，看到环境被破坏的新闻时我很气愤，绿色不仅是一种经济形态更是一种生活价值。

利用加总后分段赋值的办法，将4个变量变为一个变量，等级变为4级，对应分析的结果不明显，故改用两者交叉分析的方法，结果如表24所示，两者之间的相关系数为-0.025（Kendall，p=0.016），对称分析 γ 值为-0.040，绝对值远小于0.1，两者相关不明显。

结论：上网频率的高低，对环保观的影响可以忽略不计。

表24　上网频率与环保观交叉分析

%		环保观强弱				合计
		弱	一般	较强	非常强	
过去两个月中，平均每周有多少天上过网？	1～2天	23.3	22.8	25.0	28.6	26.1
	3～4天	34.9	38.0	32.4	31.3	32.8
	5天或以上	41.9	39.2	42.6	40.1	41.1
合计		100.0	100.0	100.0	100.0	100.0
Pearson χ^2=27.154　df=6　p=0.000<0.01						

4. 上网频率与金钱观

金钱观一共 5 条陈述语句，对应 5 个变量：我想节约花费但很难，我对自己的花销非常谨慎，金钱高于人格，会花钱比多挣钱更重要，金钱是人生幸福的决定性因素。本文重点考察金钱高于人格和金钱是人生幸福的决定性因素这两个变量，将其分别与上网频率做交叉分析，结果如表 25 所示。

本书假定"金钱高于人格"和"金钱是人生幸福的决定性因素"的观点与主流的价值观念相悖。尽管两者分别与上网频率交叉分析的结果在 0.01 水平差异显著，上网频率高低对金钱高于人格有负面影响，对金钱是人生幸福的决定性因素有正面影响，但其 γ 值或者绝对值均远小于 0.1。结论：上网频率的高低，对金钱观有积极影响，也有负面影响，但其影响非常轻微。

表 25　上网频率与金钱观交叉分析

	Pearson χ^2	df	p	γ	Spearman 相关系数
金钱高于人格	98.858	8	0.000	-0.042	-0.033
金钱是人生幸福的 决定性因素	71.322	8	0.000	0.041	0.034

5. 上网频率与公益观

公益观一共 3 条陈述语句，对应 3 个变量：我愿意无偿参与公益活动，业余时间我更愿意做志愿者而不是去赚钱，我欣赏支持公益事业的企业或品牌。

利用加总后分段赋值的办法，将 3 个变量变为一个变量，等级变为 4 级，与上网频率做对应分析，结果如图 73 所示。维度 1 的惯量为 0.889，接近 1，故主要根据维度 1 考察结果。

根据图落点位置及两类点之间的距离，上网频率越低的学生，公益观念越强。从落点之间的距离看，平均每周只有 1～2 天上过网的学生，与"非常强"的学生最近，平均每周有 3～4 天上过网的学生，与持"较强"的学生最近，而持"一般"和"弱"的学生，与平均每周上网 5 天及以上的学生最近。

结论：总体上，上网频率越高的学生，其公益观受网络负面影响的程度越高，总体的相关系数为-0.077（Spearman 相关性，0.01 水平显著），γ 值为-0.107，绝对值大于 1，故负面影响明显。考虑相关系数绝对值较小，且"弱"的比例只有 2.0，其影响比较轻微。

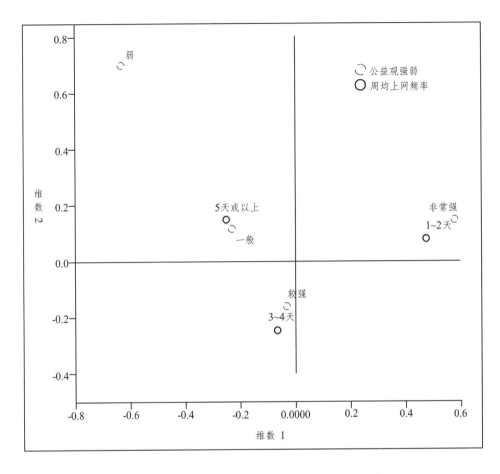

图 73　上网频率与公益观对应分析结果（对称的标准化）

三、网络使用时长与信仰

网络环境对大学生信仰的影响是一个长期的潜移默化的过程，需要从更长的时间范围内加以考虑。不同年级网络使用频率如图 74 所示，不同年级的学生，在大学里使用网络的累计时长，总体上具有非常明显的差别。因此，以所处年级来代表不同的网络使用时长对相关的数据进行分析，1 年级代表使用时长为 1 年，2 年级 2 年，3 年级 3 年，4 年级及以上均视为 4 年。

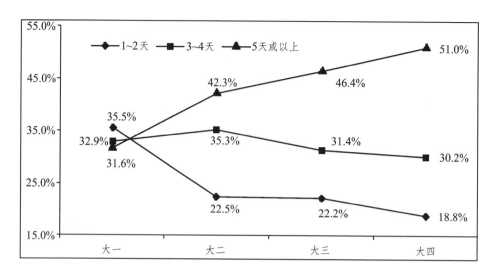

图 74　上网频率（按星期为单位）

（一）网络使用时长与核心信仰

在核心信仰与使用时长交叉分析中，持"完全"反对态度的学生在表现为异常值，系完全反对和非常反对的学生比例较低，因此将两者合并为"反对"一类，做交叉分析和对应分析，结果如表 26 和图 75 所示所示。尽管 p 值为 0.000 小于 0.01，表明两者之间存在关联，但考虑到 γ 值只有 0.04 远小于 0.1，故两者的关系并不紧密，如持"反对"和"不同意不反对"态度的学生，与其网络使用时长没有太大的关系，但持"完全同意"态度的学生，随着网络使用年限的增长，其比例也逐渐增长，从 12.6% 逐步增长到了 18.6%，体现在 R 值上，R 值为正数。

表 26　核心信仰态度与网络使用时长交叉分析

%		网络使用时长				合计
		1 年	2 年	3 年	4 年	
核心信仰态度	反对	0.9	1.2	1.1	1.0	1.1
	不同意不反对	33.8	32.1	31.1	32.5	32.4
	趋向同意	52.7	53.9	51.4	47.9	52.1
	完全同意	12.6	12.8	16.4	18.6	14.4
合计		100.0	100.0	100.0	100.0	100.0
Pearson χ^2=31.631　df=9　p=0.000<0.01　γ=0.04　R=0.040						

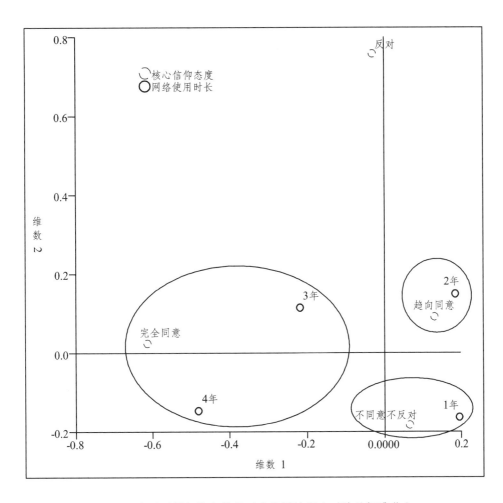

图 75　上网时长与核心信仰对应分析结果（对称的标准化）

结论：网络使用时间越长，越能在一定程度上，促进核心信仰的内化和进一步坚定学生的核心信仰。

（二）网络使用时长与社会发展认知

参照核心信仰的与网络使用时长关系分析方法，得到社会发展认知与网络使用时长的关系如表 27 和图 76 所示。

从表 27 看，p 值为 0.000 小于 0.01，表明不同上网时长的学生的社会发展认知之间存在显著差异，但考虑到 γ 值为-0.032 远小于 0.1，故两者的相关并不明显。持"悲观"和"说不清"态度的学生，与其网络使用时长没有明显的关系；持"非常乐观"态度的学生，随着网络使用年限的增长，其比例总体上也呈逐渐增长的态势，从14.3%波折增长到了17.3%；不过持"比较乐观"态度的学生，随着网络使用年限的增长，其比例逐渐从47.7%下降到了41.6%，降幅较大，因此相关系数 R 值为负数，但只有-0.020，网络使用时长对社会发展认知的影响比较轻微。

从图76看，网络使用时长对大学生社会发展认知的影响，经历了一个否定之否定的过程。上网时长达4年的学生，偏向于"非常乐观"，上网时长只有1年的学生，趋向"比较乐观"，而上网时长为2年和3年的学生，更偏向"说不清"和"悲观"。

结论：网络使用时间的长短，对学生社会发展认知的有显著影响。

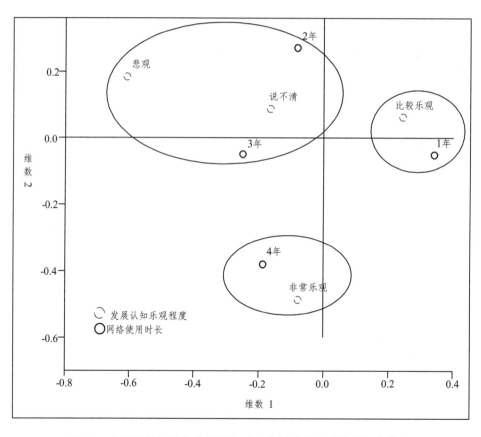

图76　上网时长与社会发展认知对应分析结果（对称的标准化）

表 27　社会发展认知乐观程度与网络使用时长交叉分析

%		网络使用时长				合计
		1 年	2 年	3 年	4 年	
社会发展认知乐观程度	悲观	5.0	7.3	7.1	7.2	6.5
	说不清	33.0	35.8	37.0	33.9	34.9
	比较乐观	47.7	44.2	41.0	41.6	44.2
	非常乐观	14.3	12.6	15.0	17.3	14.4
合计		100.0	100.0	100.0	100.0	100.0
Pearson χ^2=37.958　df=9　p=0.000<0.01　γ=-0.032　R=-0.020						

（三）网络使用时长与具体价值观

如表 28 所示，大学生的集体观、公德观、环保观、金钱观和公益观，尽管 P 值在 0.01 或者 0.05 的水平上显著，表明上网时长不同的大学生，其相关的观念具有显著差异，但部分 γ 值或者 γ 的绝对值均远小于 0.1，表明相关具体项目的价值观念与网络使用时长之间的相关关系并不紧密，影响程度均属于轻微。

从关系的方向上，网络使用时长在比较轻微的程度可以强化集体观，属于积极作用，如图 77 所示；但对公德观、环保观和公益观具有负面作用，网络使用时间越长，则可能弱化相关的观念。

表 28　网络使用时长与具体价值观交叉分析

	Pearson χ^2	df	p	γ	Spearman 相关系数
集体观	31.262	9	0.000	0.040	0.028
公德观	43.825	9	0.000	-0.016	-0.011
环保观	31.567	9	0.000	-0.035	-0.027
公益观	24.719	12	0.016	-0.026	-0.020
金钱高于人格	71.867	12	0.000	0.086	0.074
金钱是人生幸福的决定性因素	85.218	12	0.000	0.099	0.089

网络使用时长对大学生金钱观具有较为明显的负面影响。从表28可知，"金钱高于人格"和"金钱是人生幸福的决定性因素"，与网络使用时长交叉分析的结果，p值均在0.01水平显著，且γ值分别为0.086和0.099，非常接近1，表明两者与网络使用时长关系非常密切；其次，两者与网络使用时长的相关系数分别达0.074和0.089，表明大学生在这两个关键的金钱观点上，在一定程度上受网络使用时长的负面影响。

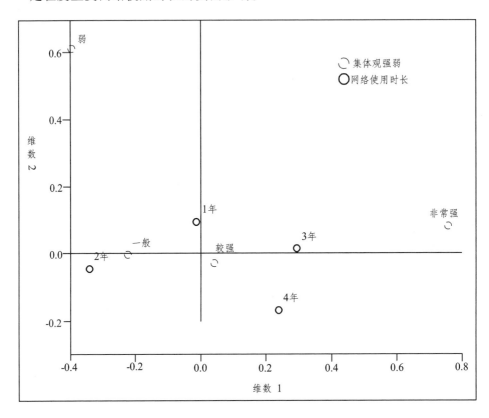

图 77　上网时长与集体观对应分析结果（对称的标准化）

图78和图79也佐证了这一点：随着网络使用时长的增长，赞同这两个观点或者表示中立的学生比例基本呈现逐步上升的趋势，而反对这两点的学生比例呈现逐渐下降趋势。

不过总体上，持反对态度的学生占到了较大的比例，表明持有正确的金钱观的学生仍然占据主流地位，尤其在"金钱高于人格"这一点上，不论网络使用时长如何，基本的观念结构比较稳定（折线之间层次分明，没有交叉）。

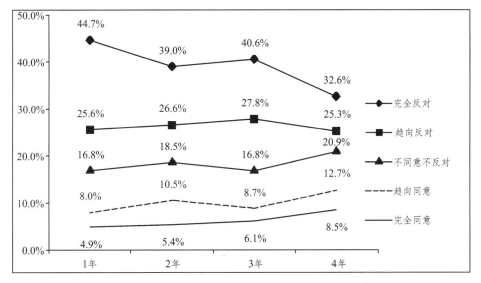

图 78 网络使用时长与"金钱高于人格"交叉分析

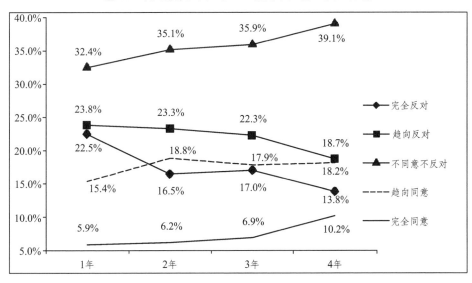

图 79 网络使用时长与"金钱是人生幸福的决定性因素"交叉分析

四、网络使用行为与信仰

（一）网络使用行为与核心信仰

大学生网络使用行为与核心信仰态度对应分析关系结果如图 80 所示。维度 1 解释了总变量的 64.0%，维度 2 解释了总变量的 27.8%，两者合计解释了总变量的 91.8%，且在 0.05 的水平上相关。

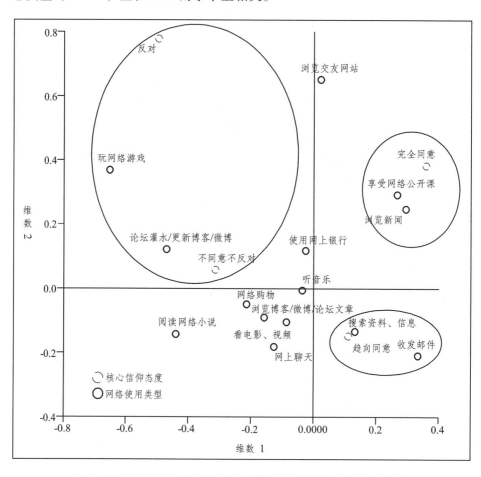

图 80　网络使用行为与核心信仰对应分析结果（对称的标准化）

上网主要浏览新闻和享受网络公开课的学生，更倾向于"完全同意"；而"搜索资料、信息""收发邮件"的学生，"趋向同意"的多；"玩网络游戏"和"论坛灌水/更新博客/微博"的学生，更倾向于"不同意不反对"以及"反对"，对核心信仰的立场不是那么坚定。

对两者做交叉分析，Pearson χ^2 值为 156.730，df 为 39，p 值为 0.000，表明不同上网行为的学生之间的核心信仰有差别，但其 Spearman 相关系数只有 -0.033（0.01 水平显著）。

结论：不同网络使用行为对大学生的核心信仰有非常轻微的负面影响。

（二）网络使用行为与社会发展认知

大学生网络使用行为与社会发展认知态度对应分析关系结果如图 81 所示。维度 1 解释了总变量的 70.9%，维度 2 解释了总变量的 26.9%，两者合计解释了总变量的 97.9%，但两个维度只在 0.1 的水平上相关。

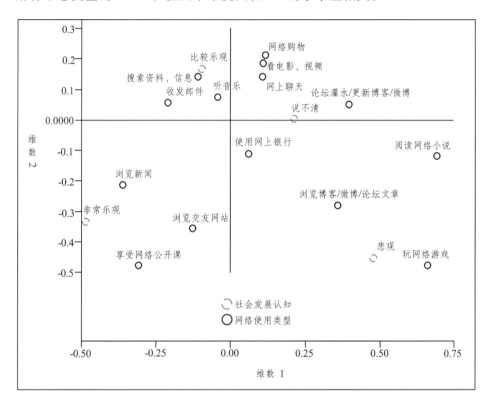

图 81　网络使用行为与社会发展认知对应分析结果（对称的标准化）

上网主要"浏览新闻""享受网络公开课"和"浏览交友网站"的学生，更倾向于"非常乐观"；而"搜索资料信息、信息""收发邮件"和"听音乐"的学生，"比较乐观"的居多；"玩网络游戏"和"论坛灌水/更新博客/微博"的学生，更倾向于"悲观"。

对两者做交叉分析，Pearson χ^2 值为 186.833，df 为 39，p 值为 0.000，表明不同上网行为的学生之间的社会发展认知有差别，但其 Spearman 相关系数只有-0.036（0.01 水平显著）。

结论：不同网络使用行为对大学生的社会发展认知有非常轻微的负面影响。

（三）网络使用行为与具体价值观

1. 网络使用行为与集体观

大学生网络使用行为与集体观对应分析关系结果如图 82 所示。维度 1 解释了总变量的 85.5%，维度 2 解释了总变量的 11.7%，两者合计解释了总变量的 97.2%，两个维度只在 0.1 的水平上相关。由于维度 1 解释了绝大部分的总变量，因此，主要从维度 1 考察网络使用行为与集体观。

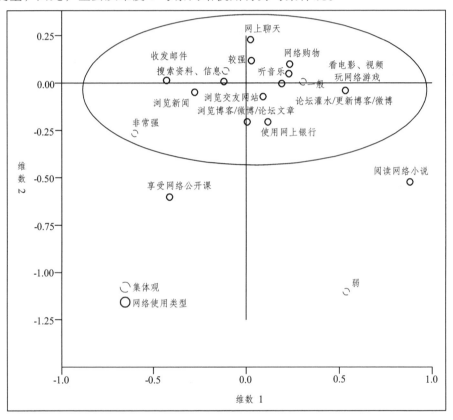

图 82　网络使用行为与集体观对应分析结果（对称的标准化）

从图 82 可以看出，各变量组的落点基本围绕在原点附近，表明相互之间差异比较小，不同网络使用行为与集体观念的强弱之间，不存在比较强的对应关系。但上网主要"浏览新闻""收发邮件"和"搜索资料、信息"的学生，其集体观念偏向与"非常强"和"比较强"；上网主要"看电影、视频""玩网络游戏"和"网络购物"的学生，其集体观念强弱程度偏向"一般"；集体观念"弱"的学生占比非常少，与各种网络使用行为之间没有明显的关系。

对两者做交叉分析，Pearson χ^2 值为 187.012，df 为 39，p 值为 0.000，表明不同上网行为的学生之间的社会发展认知有明显差别，但其 Spearman 相关系数只有 -0.044（0.01 水平显著）。

结论：不同网络使用行为对大学生集体观念的强弱影响非常轻微。

2. 网络使用行为与公德观

大学生网络使用行为与公德观对应分析关系结果如图 83 所示。维度 1 解释了总变量的 83.7%，维度 2 解释了总变量的 14.7%，两者合计解释了总变量的 98.4%，两个维度只在 0.1 的水平上相关。由于维度 1 解释了绝大部分的总变量，因此，主要从维度 1 考察网络使用行为与公德观。

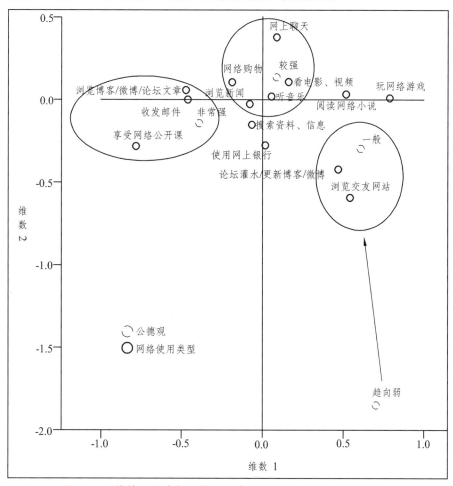

图 83　网络使用行为与公德观对应分析结果（对称的标准化）

从图 83 可以看出，各变量组的落点基本围绕在原点附近，表明相互之间差异比较小，不同网络使用行为与公德观念的强弱之间，不存在比较强的对应关系。但上网主要"收发邮件""享受网络公开课""浏览博客/微博/论坛文章"的学生，其公德观念偏向"非常强"；上网主要"浏览新闻""网络购物""听音乐""网上聊天"和"看电影、视频"的学生，其公德观念偏向"较强"；而主要"论坛灌水/更新博客/微博"和"浏览交友网站"的学生，其公德观念偏向"一般"和"趋向弱"。

对两者做交叉分析，Pearson χ^2 值为 310.532，df 为 39，p 值为 0.000，表明不同上网行为的学生之间的社会发展认知有明显差别，但其 Spearman 相关系数只有 -0.014（0.05 水平显著）。

结论：不同网络使用行为对大学生公德观念的强弱影响非常轻微。

3. 网络使用行为与环保观

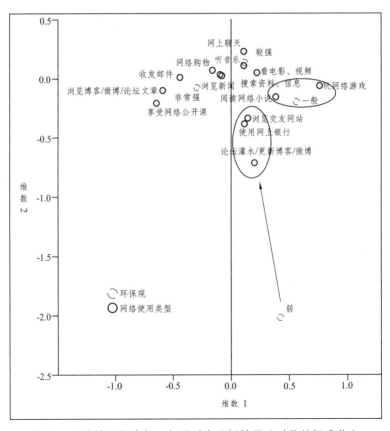

图 84　网络使用行为与环保观对应分析结果（对称的标准化）

　　大学生网络使用行为与环保观对应分析关系结果如图 84 所示。维度 1 解释了总变量的 84.4%，维度 2 解释了总变量的 12.6%，两者合计解释了总变量的 97.1%，两个维度在 0.05 的水平上相关。由于维度 1 解释了绝大部分的总变量，因此，主要从维度 1 考察网络使用行为与环保观。

　　从图 84 可以看出，各变量组的落点基本围绕在原点附近，表明相互之间差异比较小，不同网络使用行为与环保观念的强弱之间，不存在比较强的对应关系。但上网主要"玩网络游戏"和"阅读网络小说"的学生，其环保观念偏向"一般"；上网主要"论坛灌水/更新博客/微博""使用网上银行"和"浏览交友网站"的学生，其环保观念偏向"弱"。

　　对两者做交叉分析，Pearson χ^2 值为 245.440，df 为 39，p 值为 0.000，表明不同上网行为的学生之间的社会发展认知有明显差别，但其 Spearman 相关系数只有 -0.019（0.01 水平显著）。

　　结论：不同网络使用行为对大学生环保观念的强弱影响非常轻微。

　　4. 网络使用行为与金钱观

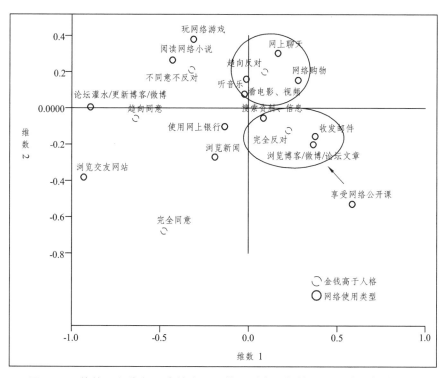

图 85　网络使用行为与"金钱高于人格"对应分析结果（对称的标准化）

　　大学生网络使用行为与金钱观对应分析关系结果如图 85 和图 86 所示。对"金钱高于人格"，维度 1 解释了总变量的 68.8%，维度 2 解释了总变量的 21.8%，两者合计解释了总变量的 90.5%，两个维度在 0.05 的水平上相关；对"金钱决定幸福"，维度 1 解释了总变量的 75.4%，维度 2 解释了总变量的 22.1%，两者合计解释了总变量的 97.6%，两个维度在 0.05 的水平上相关。

　　图 85 表明，上网主要"搜索资料、信息""收发邮件"和"浏览博客/微博/论坛文章"的学生，倾向"完全反对""金钱高于人格"；上网主要"网上聊天""听音乐""网络购物"和"看电影、视频"的学生，"趋向反对""金钱高于人格"。

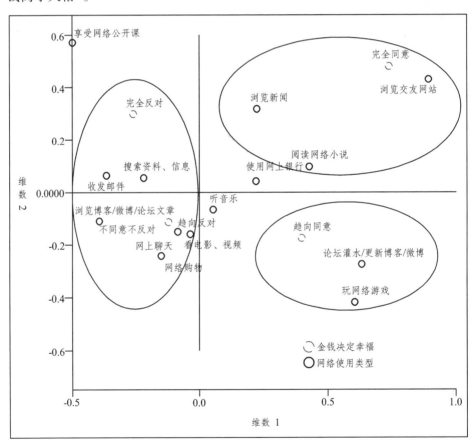

图 86　网络使用行为与"金钱决定幸福"对应分析结果（对称的标准化）

　　图 86 表明，上网主要"搜索资料、信息""收发邮件"和"享受网络公开课的学生"，倾向"完全反对""金钱决定幸福"；上网主要"浏览博客/微博/论坛文章""网上聊天""网络购物"和"看电影、视频"的学生，"趋向反对"

"金钱决定幸福"，或者持中立态度（"趋向反对"和"不同意不反对"两者落点重合）。

对上网行为与"金钱高于人格"做交叉分析，Pearson χ^2 值为 326.506，df 为 52，p 值为 0.000，表明不同上网行为的学生之间的对"金钱高于人格"的认知有明显差别，但其 Spearman 相关系数只有-0.004 且不显著。

对上网行为与"金钱界定幸福"做交叉分析，Pearson χ^2 值为 269.533，df 为 52，p 值为 0.000，表明不同上网行为的学生之间对"金钱决定幸福"的认知有明显差别，但其 Spearman 相关系数只有 0.006 且不显著。

结论：考虑学生主要的上网行为平均约为 4 种，因此，尽管不同网络使用行为的大学生之间的金钱观念有明显的差别，但对大学生金钱观念的影响并不明显。

5. 网络使用行为与公益观

大学生网络使用行为与公益观对应分析关系结果如图 87 所示。维度 1 解释了总变量的 86.7%，非常接近 1，因此，主要从维度 1 考察网络使用行为与公益观。

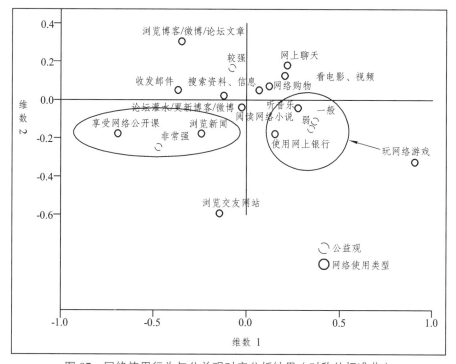

图 87　网络使用行为与公益观对应分析结果（对称的标准化）

图 87 表明，上网主要"论坛灌水/更新博客/微博""享受网络公开课"和"浏览新闻"的学生，其公益观念偏向"非常强"；上网主要"浏览博客/微博/论坛文章""收发邮件"和"搜索资料、信息"的学生，其公益观念偏向"较强"；上网主要"玩网络游戏""使用网上银行"和"阅读网络小说"的学生，其公益观念偏向"一般"和"弱"。

对两者做交叉分析，Pearson χ^2 值为 274.557，df 为 39，p 值为 0.000，表明不同上网行为大学生的公益观有明显差别，但其 Spearman 相关系数只有 -0.036（0.01 水平显著）。

结论：不同网络使用行为对大学生公益观念的强弱有轻微的负面影响。

五、新闻内容与信仰

（一）新闻内容与核心信仰

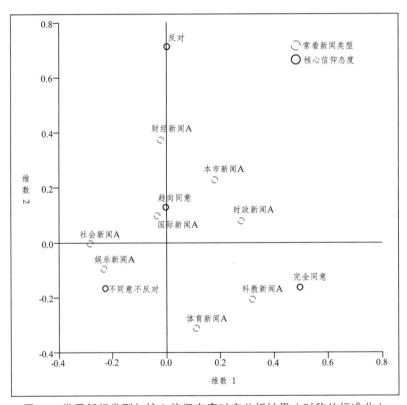

图 88　常看新闻类型与核心信仰态度对应分析结果（对称的标准化）

大学生常看新闻类型与核心信仰态度对应分析关系结果如图 88 所示。维度 1 解释了总变量的 73.5%，维度 2 解释了总变量的 19.0%，两者合计解释了总变量的 92.4%，且在 0.01 的水平上显著相关。

常看"科教新闻""时政新闻"和"体育新闻"的学生，更倾向于"完全同意"；而常看"国际新闻"和"本市新闻"的学生，"趋向同意"的多；常看"财经新闻"的学生，更倾向于"反对"，对核心信仰的立场不是那么坚定。

对两者做交叉分析，Pearson χ^2 值为 77.545，df 为 21，p 值为 0.000，表明常看新闻类型不同的学生之间的核心信仰程度有差别，但其 Spearman 相关系数只有 -0.009 且不显著。

结论：常看新闻内容类型不同对大学生的核心信仰程度有非常轻微的负面影响。

（二）新闻内容与社会发展认知

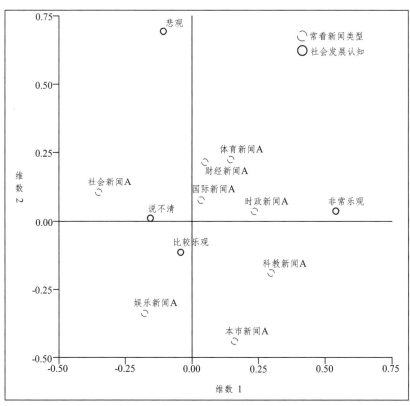

图 89　常看新闻类型与社会发展认知态度对应分析结果（对称的标准化）

大学生常看新闻内容类型与社会发展认知态度对应分析关系结果如图 89 所示。维度 1 解释了总变量的 65.4%，维度 2 解释了总变量的 31.8%，两者合计解释了总变量的 97.2%，两个维度在 0.01 的水平上相关，降维效果非常好。

图 89 表明，常看"国际新闻"和"财经新闻"的学生，倾向于持"悲观"态度（从原点向各点做直线，看各点之间的夹角大小，越小倾向越明显）；常看"社会新闻"的学生，倾向于持"说不清"态度；常看新闻类型在原点右边的学生，更倾向于持"非常乐观"态度。

对两者做交叉分析，Pearson χ^2 值为 77.545，df 为 21，p 值为 0.000，表明不同上网行为的学生之间的社会发展认知有明显差别，但其 Spearman 相关系数只有 -0.009 且不显著。

结论：常看新闻内容类型不同的大学生对社会发展认知有明显差异，且有非常轻微的负面影响。

（三）新闻内容与具体价值观

1. 新闻内容与集体观

大学生常看新闻内容类型与集体观对应分析关系结果如图 90 所示。维度 1 解释了总变量的 90.6%，维度 2 解释了总变量的 5.7%，两者合计解释了总变量的 96.3%，降维效果非常好。

图 90 表明，各落点基本都在原点附近，表明各点之间的差异不太大。常看"国际新闻"和"财经新闻"的学生，集体观念倾向于"弱"（从原点向各点做直线，看各点之间的夹角大小，越小倾向越明显）；常看"社会新闻"和"娱乐新闻"的学生，倾向于"一般"态度；其余常看新闻类型在原点右边的学生，集体观念更强。

对两者做交叉分析，Pearson χ^2 值为 56.502，df 为 21，p 值为 0.000，表明不同上网行为的学生之间的社会发展认知有明显差别，但其 Spearman 相关系数只有 -0.011 且不显著。

结论：常看新闻内容类型不同的大学生集体观念强弱有明显差异，但这种差异并不强烈。

2. 新闻内容与公德观

大学生常看新闻内容类型与公德观对应分析关系结果如图 91 所示。维度

1 解释了总变量的 76.1%，维度 2 解释了总变量的 21.1%，两者合计解释了总变量的 97.2%，降维效果非常明显。

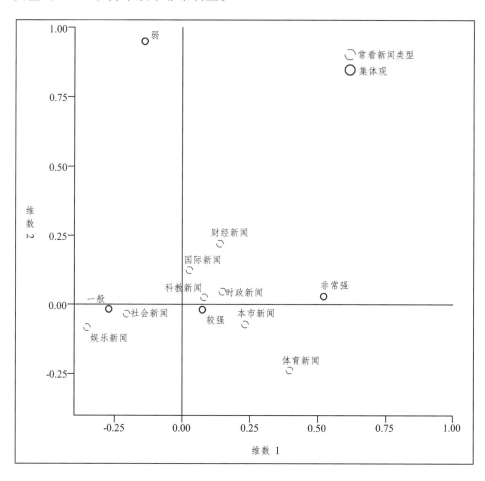

图 90　常看新闻类型与集体观对应分析结果（对称的标准化）

从图 91 可以看出，各变量组的落点基本围绕在原点附近，表明相互之间差异比较小，不同新闻类型与公德观念的强弱之间，不存在比较强的对应关系。但"本市新闻"和"财经新闻"与"趋向弱"之间，对应关系比较明显。

对两者做交叉分析，Pearson χ^2 值为 118.698，df 为 21，p 值为 0.000，表明常看新闻类型不同的学生的公德观有明显差别，但其 Spearman 相关系数只有-0.028（0.01 水平显著）。

结论：常看新闻类型不同对大学生公德观念的强弱有轻微的负面影响。

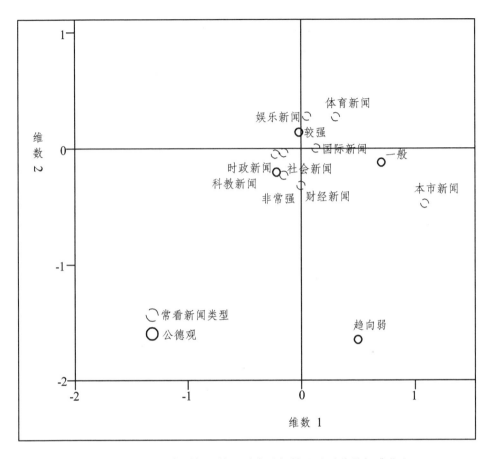

图 91　常看新闻类型与公德观对应分析结果（对称的标准化）

3. 新闻内容与环保观

大学生常看新闻内容类型与环保观对应分析关系结果如图 92 所示。维度 1 解释了总变量的 79.0%，维度 2 解释了总变量的 19.5%，两者合计解释了总变量的 98.5%，降维效果非常明显。

从图 92 可以看出，各变量组的落点基本围绕在原点附近，表明相互之间差异比较小，不同新闻类型与环保观念的强弱之间，不存在比较强的对应关系。

对两者做交叉分析，Pearson χ^2 值为 70.906，df 为 21，p 值为 0.000，表明常看新闻类型不同的学生的环保观有明显差别，但其 Spearman 相关系数只有 -0.027（0.01 水平显著）。

结论：常看新闻类型不同对大学生环保观念的强弱有轻微的负面影响。

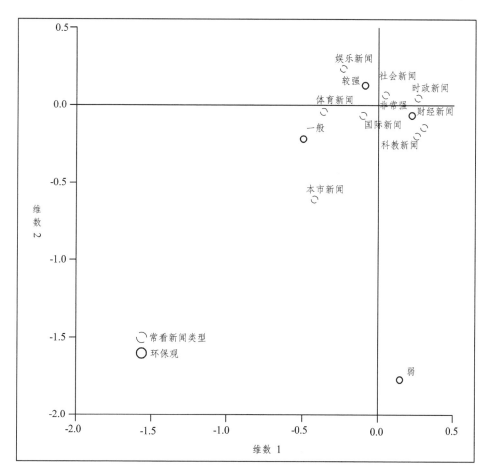

图 92 常看新闻类型与环保观对应分析结果（对称的标准化）

4. 新闻内容与金钱观

大学生常看新闻类型与金钱观对应分析关系结果如图 93 和图 94 所示。对"金钱高于人格"，维度 1 解释了总变量的 73.5%，维度 2 解释了总变量的 20.6%，两者合计解释了总变量的 94.0%；对"金钱决定幸福"，维度 1 解释了总变量的 77.4%，维度 2 解释了总变量的 14.2%，两者合计解释了总变量的 91.6%，降维的效果均非常理想。

图 93 表明，各落点均在原点附件，表明常看新闻类型不同的学生之间对"金钱高于人格"的态度差异并不太大，常看"社会新闻"和"娱乐新闻"的学生，"趋向反对"金钱高于人格，其余常看的新闻类型与态度之间，没有非常明显的对应关系。

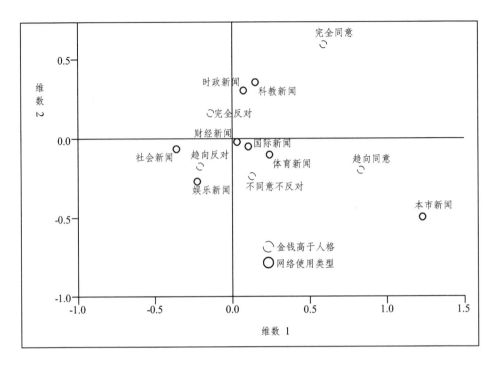

图 93　常看新闻类型与"金钱高于人格"对应分析结果（对称的标准化）

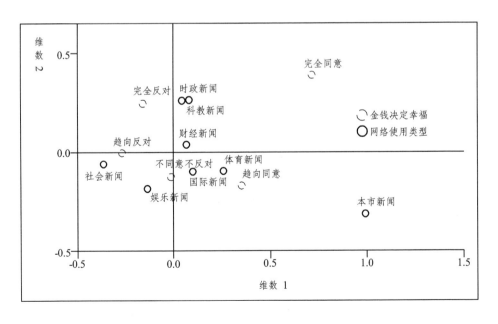

图 94　常看新闻类型与"金钱决定幸福"对应分析结果（对称的标准化）

图 94 表明的结果与图 93 类似，常看的新闻类型与态度之间，没有非常明显的对应关系。

对常看新闻类型与"金钱高于人格"做交叉分析，Pearson χ^2 值为 239.278，df 为 28，p 值为 0.000，表明常看新闻类型不同的学生之间的对"金钱高于人格"的认知有明显差别，但其 Spearman 相关系数只有 0.012 且在 0.1 水平上显著。

对常看新闻类型与"金钱界定幸福"做交叉分析，Pearson χ^2 值为 136.340，df 为 28，p 值为 0.000，表明常看新闻类型不同的学生之间对"金钱决定幸福"的认知有明显差别，但其 Spearman 相关系数只有 0.009 且不显著。

结论：尽管不同常看新闻类型的大学生之间的金钱观念有明显的差别，但常看新闻内容类型的不同，对大学生金钱观念的影响并不明显。

5. 新闻内容与公益观

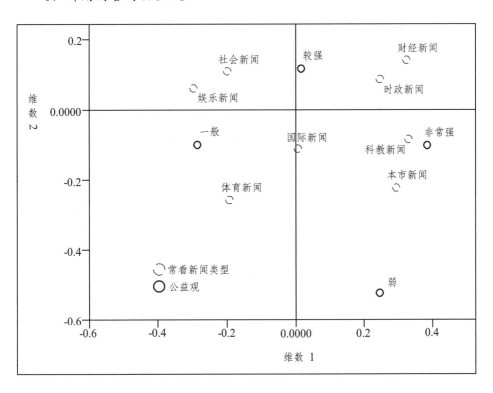

图 95　常看新闻类型与公益观对应分析结果（对称的标准化）

大学生常看新闻内容类型与环保观对应分析关系结果如图 95 所示。维度 1 解释了总变量的 86.4%，维度 2 解释了总变量的 8.2%，两者合计解释了总变量的 94.6%，降维效果非常明显。

从图 95 可以看出，各变量组的落点基本围绕在原点附近，表明相互之间差异比较小，不同新闻类型与公益观念的强弱之间，不存在比较强的对应关系，但仍然各有侧重：常看"科教新闻"和"本市新闻"的学生，其公益观"非常强"；常看"时政新闻"和"财经新闻"的学生，其公益观"较强"；常看"体育新闻"和"娱乐新闻"的学生，其公益观"一般"。

对两者做交叉分析，Pearson χ^2 值为 65.660，df 为 21，p 值为 0.000，表明常看新闻类型不同的学生的公益观有明显差别，但其 Spearman 相关系数只有 -0.022（0.01 水平显著）。

结论：常看新闻类型不同对大学生公益观念的强弱有轻微的负面影响。

六、结论

（一）上网频率对大学生信仰影响

受访学生上网频率如图 96 所示，周均有 1~2 天上过网的学生占有效样本的 25.1%，3~4 天的占 31.4%，5 天或以上的占 39.2%，网络已经成为大学生日常生活不可分割的部分。单样本均值检验呈正态分布（0.01 水平显著）。

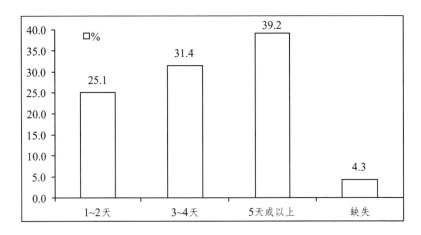

图 96　上网频率（周均）

　　上网频率对大学生信仰的影响如表 29 所示。上网频率不同的学生之间，其信仰具有显著的差异，且上网频率越高的学生，受网络环境的负面影响越大，对大学生的核心信仰、社会发展认知和集体观具有明显的负面影响，对大学生公益观的影响比较轻微，对公德观、环保观和金钱观的影响可以忽略，且对金钱观而言，上网频率越高的学生，越不认可金钱高于人格，但更趋向于认可金钱是人生幸福的决定性因素。

表 29　上网频率对大学生信仰的影响

	差异是否显著	影响方向	影响程度
核心信仰	是	负面	明显
社会发展认知	是	负面	明显
集体观	是	负面	明显
公德观	是	负面	可忽略
环保观	是	负面	可忽略
金钱观	是	负面、积极兼备	可忽略
公益观	是	负面	轻微

（二）网络使用时长与大学生信仰

　　受访学生上网时长如图 97 所示，样本学生大学期间上网时间为 1 年占 33%，2 年的占 29.3%，3 年的占 24.8%，4 年的占 12.9%。单样本均值检验呈正态分布（0.01 水平显著）。

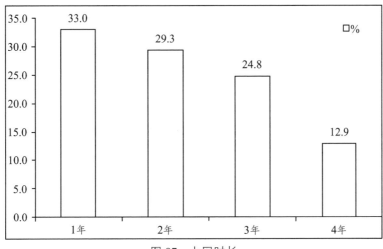

图 97　上网时长

上网时长对大学生信仰的影响如表 30 所示。上网时长不同的学生之间，其信仰具有显著的差异。上网时长越长的学生，总体上受网络环境的负面影响，尤其对大学生的核心信仰、社会发展认知和金钱观具有明显的负面影响，对大学生的公德观、环保观、金钱观和公益观的具有轻微影响。对金钱观而言，上网时长越高的学生，越不认可金钱高于人格，但更趋向于认可金钱是人生幸福的决定性因素。

表 30 上网时长对大学生信仰的影响

	差异是否显著	影响方向	影响程度
核心信仰	是	积极	明显
社会发展认知	是	先负面再积极	明显
集体观	是	积极	明显
公德观	是	负面	轻微
环保观	是	负面	轻微
金钱观	是	负面、积极兼备	明显
公益观	是	负面	轻微

（三）网络使用行为与大学生信仰

本研究的网络使用行为基于中国互联网络信息中心（CNNIC）发布的《中国互联网络发展状况统计报告》确定，受访大学生使用行为如图 98 所示。"网络炒股"和"打理自己的网店"的学生比例非常低，后文不再纳入分析。单样本均值检验呈正态分布（0.01 水平显著）。

如表 31 所示，不同的网络使用行为，对具体的信仰观念具有不同的影响。从影响具体信仰的项目数量来看，主要网络使用行为"收发邮件"和"享受网络公开课"的学生，以及主要"搜索资料、信息""浏览新闻"的学生，其信仰更可能受网络环境的积极影响；而主要"玩网络游戏""阅读网络小说""论坛灌水/更新博客/微博""浏览交友网站"的学生，其信仰更可能受到网络环境的负面影响。

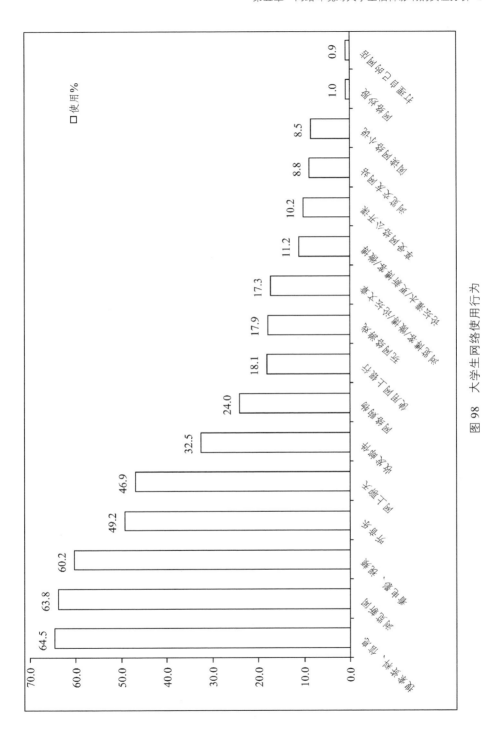

图 98　大学生网络使用行为

表 31 网络使用行为对大学生信仰的影响

	核心信仰	社会发展认知	集体观	公德观	环保观	金钱高于人格	金钱决定幸福	公益观	积极数	负面数
搜索资料、信息	积极	积极	积极	/	积极	积极	积极	/	6	0
浏览新闻	积极	积极	积极	积极	积极	/	负面	积极	6	1
看电影、视频	/	/	/	积极	积极	积极	积极	/	4	0
听音乐	/	积极	积极	积极	积极	积极	/	/	5	0
网上聊天	积极	积极	/	积极	积极	积极	积极	/	4	0
收发邮件	/	/	积极	积极	积极	积极	积极	/	7	0
网络购物	积极	/	积极	积极	积极	积极	/	/	3	0
使用网上银行	/	/	/	/	负面	/	/	负面	0	2
玩网络游戏	负面	负面	/	/	负面	负面	负面	负面	0	6
浏览博客/微博/论坛文章	/	负面	/	积极	积极	积极	/	积极	4	1
论坛灌水/更新博客/微博	负面	/	/	负面	负面	负面	负面	/	0	5
享受网络公开课	积极	积极	积极	积极	积极	积极	/	积极	7	0
浏览交友网站	/	积极	/	负面	负面	负面	负面	/	1	4
阅读网络小说	/	/	负面	/	负面	负面	负面	负面	0	5

（四）新闻内容对大学生信仰的影响

大学生经常浏览的新闻内容如图 99 所示，浏览比较多的有社会新闻、时政新闻、国际新闻和娱乐新闻，经常浏览这些内容的大学生比例依次为 58.3%、57.2%、47.3% 和 39.5%，考虑到 86.9% 的大学生以网络作为个人主要的新闻媒体，且周均接触网络新闻媒体的时间，不同年级的学生从 5.4 小时到 6.4 小时不等（如图 100 所示），可以认为，大学生经常浏览的新闻内容构成了大学生网络环境的基本一环，经常浏览不同新闻内容，造成了大学生个体之间网络环境的差异，所受影响也会有所不同，这已经为图 88 至图 95 所证实，其影响综合如表 32 所示。

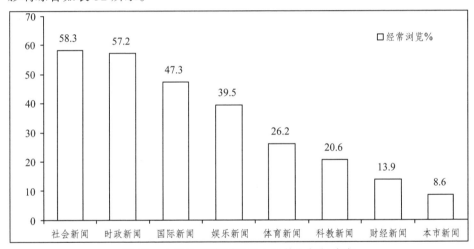

图 99　大学生经常浏览的（网络）新闻内容

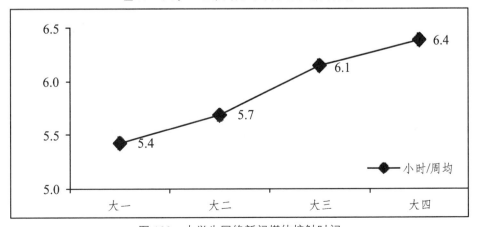

图 100　大学生网络新闻媒体接触时间

表 32 表明：科教新闻、时政新闻对大学生的信仰有较好积极作用，而国际新闻相对具有更多的负面作用。其余新闻内容类型，对不同的具体信仰，存在积极作用或者负面作用等多种作用。

表 32　新闻内容对大学生信仰的影响

	核心信仰	社会发展认知	集体观	公德观	环保观	金钱高于人格	金钱决定幸福	公益观	积极数	负面数
时政新闻	/	积极	积极	积极	/	积极	积极	/	5	0
国际新闻	积极	负面	负面	/	/		负面	负面	1	4
社会新闻	/	负面	负面	积极	积极	积极	积极		4	2
科教新闻	积极	积极	积极	积极	积极		积极	积极	7	0
本市新闻	/	/	积极	负面	积极	负面	负面	积极	3	3
体育新闻	/	/	积极	积极	负面	负面	负面	/	2	3
娱乐新闻	负面	积极	负面	积极	积极	积极	/	/	4	2
财经新闻	负面	/	/	负面	积极	积极	/	/	2	2

（五）网络环境对大学生信仰影响的基本特征

1. 潜移默化的影响

96.5%的受访大学生，至少拥有台式机、智能手机、笔记本电脑或者平板电脑中的一种上网工具，86.9%的大学生将网络作为个人主要的媒体工具和主要的外界信息来源，7 成以上的大学生，上网频率较高，网络与大学生的校园生活紧密联系，成为其校园生活重要而有机的组成部分，网络环境对学生来说，超越了信息工具、娱乐工具和学习工具的功能意义，成为大学生的基本生活背景和现实生活的重要参照物，成为大学生认识社会和世界的基本参照系，这是网络环境对大学生信仰最根本的影响，这种影响潜移默化，学生难以察觉，是大学生信仰教育最根本的挑战。

2. 影响的复杂性

这种复杂性首先来源于网络环境本身。网络环境是现实社会环境的一面镜子，现实社会有多复杂，网络环境就有多复杂，而且由于网络环境的虚拟特性，对生活的某些方面具有放大或者缩小作用，这面镜子展示的现实，往往会失真，加上学生个人接触的网络环境具有各自的边界，不同的学生看到的镜子中的影像，有很大的差别，从而对学生信仰的影响具有复杂性。这种复杂性最生动的表现，就是网络环境对大学生信仰影响的多向性。

3. 影响的多向性

通过上网频率、网络使用时长、网络新闻内容接触以及网络使用行为对大学生信仰影响的实证分析，网络环境从多方面影响大学生的信仰。

具体到不同的信仰，网络环境可能对其产生积极的影响，也可能产生负面的影响，还有的没有明显的影响。网络环境对大学生信仰的影响具有多向性的假设成立。

（六）改进大学生信仰教育的建议

1. 控制上网频率

上网频率越高的学生，受网络环境的负面影响越大，核心信仰、社会发展认知和集体观受到的负面影响越明显。且对金钱观而言，上网频率越高的学生，越不认可金钱高于人格，但更趋向于认可金钱是人生幸福的决定性因素。

因此，通过多种形式开展无网络日活动，将上网的时间降低到每周 3 天及以下，以此将学生的上网频率降下来，从而间接地降低网络使用时长，有助于避免网络环境的负面影响。

2. 明确上网目的

不同的网络使用行为，对具体的信仰观念具有不同的影响。从影响具体信仰的项目数量来看，主要网络使用行为"收发邮件""享受网络公开课"的学生，以及主要"搜索资料信息""浏览新闻"的学生，其信仰更可能受网络环境的积极影响；而主要"玩网络游戏""阅读网络小说""论坛灌水/更新博客/微博""浏览交友网站"的学生，其信仰更可能受到网络环境的负面影响。

不同网络使用行为对应不同的上网目的，只有明确上网目的，才能改善网络使用行为。即在有限的上网时间里，明确每次上网的具体目标，最好是与学习有关的积极目标，做到充分利用网络而不被网络利用，将网络更多的作为学习工具来使用。

3. 提高媒介素养

新闻有真有假，有正面有负面，有主观有客观，除了新闻内容本身的即时影响，还有其长期效应。

从本研究的数据看，网络新闻内容对大学生信仰的影响最为复杂。科教新闻、时政新闻对大学生的信仰有积极作用，而国际新闻相对具有更多的负面作用。其余新闻内容类型，对不同的具体信仰，存在积极或者负面等多种作用。

提高媒介素养有助于学生正确的认知社会，做到独立思考，不被虚假新闻误导，提高对各种新闻内容的辨析能力。

举办新闻讲座，开设媒介素养课，就某个网络热点事件开展讨论等，引导学生提高媒介素养。

第六章 学生满意度

一、总体满意度

（一）满意度概览

如表 33 所示，学生对学校的总体满意度指数为 70.8，75%的学生满意度在 60.2 以上，一半的学生在 69.3 以上，极小值为 20，极大值是 98.9，标准差为 14.9，表明学生对学校的满意度差异较大。

表 33 学生满意度

	总体满意度	课程满意度	软环境满意度	生活服务满意度	对教师满意度	推荐重选度	直评满意度
均值	70.8	71.5	72.3	63.7	78.1	63.9	73.5
中值	69.3	70.0	70.3	60.0	80.0	72.0	70.0
标准差	14.9	17.3	17.9	19.7	16.3	18.1	16.7
极小值	20.0	20.0	20.0	20.0	20.0	20.0	20.0
极大值	98.9	100.0	100.0	100.0	100.0	92.0	100.0
百分位 25	60.2	60.0	60.0	49.8	63.3	56.0	60.0
百分位 50	69.3	70.0	70.3	60.0	80.0	72.0	70.0
百分位 75	80.2	80.2	84.5	80.0	93.3	72.0	80.0

课程满意度为 71.5，且 75%的学生满意度在 60.0 以上。

学生对学校软环境的满意均值为 72.3，略高于总体。

对学校生活服务的满意度最低，只有 63.7，中值更只有 60.0，标准差相对最大，达 19.7，众口难调，每个人的要求和感受差别非常大。

教师满意度指数相对最高，达 78.1，老师与学生直接接触，能够更直接地从感情上与学生有交流，尤其老师的态度，能够影响学生的观感，某种程度上，老师更能代表学校影响学生。

重选率和推荐率是满意度最重要的指标，但此处推荐重选度不高，指数只有 63.9。

个人直接感觉的满意度（直接评价）指数为 73.5，仅次于对教师的满意度，高于模型计算的总体满意度。

（二）满意度的群体差异

男生满意度为 70.5，女生满意度为 71.1，男生和女生之间没有明显差别；不同年级学生的满意度，从大一至大四，分别为：72.5、69.0、69.7 和 72.6，没有明显差别；党员的满意度为 72.4，非党员为 70.5，也没有显著差异。

1. 独生子女与非独生子女满意度比较

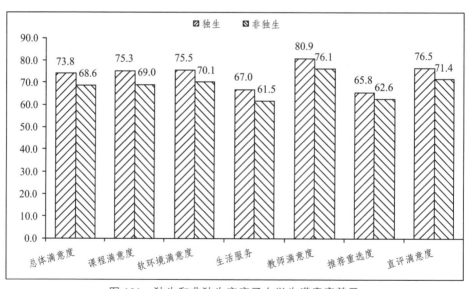

图 101　独生和非独生家庭子女学生满意度差异

独生子女家庭的学生对学校的满意度为 73.8，非独生子女家庭学生对学校的满意度为 68.6，满意度相差 5.2，存在显著差异，如图 101 所示。在各分项满意度指标上，独生子女与非独生子女学生的满意度，呈现出普遍的差异性。

课程满意度，独生比非独生学生高出 6.3，软环境满意度高出 5.4，生活服务满意度高出 5.5，教师满意度高出 4.8，推荐重选度高出 3.2，直评满意度高出 5.1，两者之间的差异普遍而显著。

2. 不同地域的学生满意度比较

不同地域（生源地）学生之间的满意度，存在明显的差异，如图 102 所示。

家庭所在地为县城及以下地区的学生，其总体的满意度只有 69.4，低于地区市的 73.5 和省会及以上城市的 75.0，前者与后两者之间，差异更大。

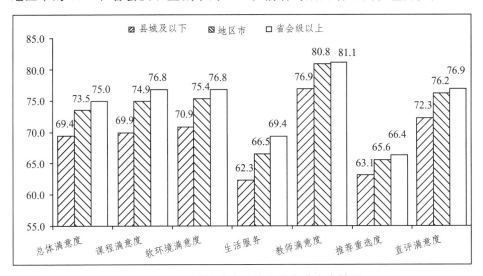

图 102　不同地域（生源地）学生满意度差异

课程满意度方面，三者的满意度依次为县城及以下 69.9，地区市为 74.9，省会及以上城市为 76.8。

软环境满意度方面，三者的满意度依次为 70.9、75.4 和 76.8。

生活服务满意度方面，三者均相对较低，县城及以下、地区市和省会及以上城市分别为 62.3、66.5 和 69.4，相互之间差异最大。

教师满意度三者的满意度均比较高。来自县城及以下学生为 76.9，来自地区市学生为 80.8，来自生活及以上城市学生为 81.1。

推荐重选度，三者均比较低，且差异较小，县城及以下地域学生为 63.1，地区市学生为 65.6，省会及以上城市学生 66.4。

直评满意度高于总体的满意度，相互之间的差异比总体满意度的差异略小，依次为 72.3、76.2 和 76.9。

3. 党员与非党员学生满意度比较

党员学生对学校的满意度为 72.4，非党员学生对学校的满意度为 70.5，满意度相差只有 1.9，没有明显差别，如图 103 所示。在各分项满意度指标上，党员学生与非党员学生的满意度，呈现出普遍的差异性，差异从 0.1 到 3.8 不等，均不具备统计差异的显著性。两者的推荐重选度差异最大，为 3.8。

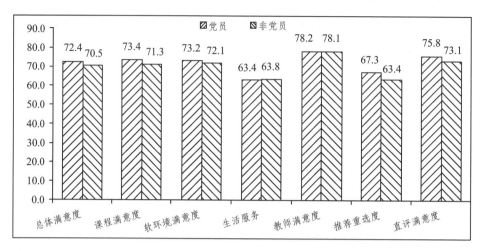

图 103　党员和非党员学生满意度差异

4. 所学专业按志愿录取和调剂录取的学生比较

受访学生当前所读的专业，分为按自己所报志愿录取（非调剂）和非按本人志愿录取（调剂）两类，其满意度如图 104 所示。

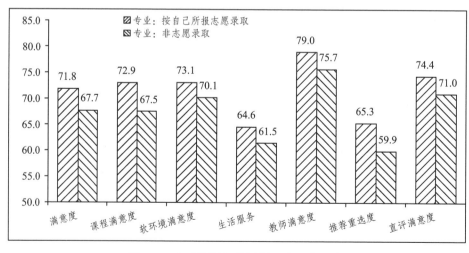

图 104　专业调剂与非调剂学生的满意度

专业非调剂的学生的满意度为 71.8，专业调剂的学生满意度为 67.7，两者相差 4.1。

在各分项满意度上，专业按照自己所填报志愿录取的学生，其满意度均高于专业调剂录取的学生：课程满意度相差 5.4，软环境满意度相差 2.9，生活服务满意度相差 3.1，对教师的满意度相差 3.3，推荐重选度相差 5.4，直评满意度相差 3.4。

在课程满意度和推荐重选度方面，两者的满意度差异非常显著，因此，学校录取时，应尽量按照学生的志愿录取。

二、重选和推荐意愿

如图 105 所示，如果有重新选择的机会，13.7%的学生表示，会再次选择当前就读的大学，可能会的学生比例为 44.9%，两者合计接近 6 成；是否会推荐亲朋好友报读自己当前就读的大学，14.9%的学生表示肯定会，可能推荐的学生比例为 61.1%，两者合计达 76%，高出重选意愿 17.4 个百分点。

重选和推荐意愿是两个非常具体的问题，相对客观，容易超越学生的主观感觉，获得学生对学校态度的内心反映，虽然表示会再次重选的学生比例低于推荐亲朋好友报考的比例，某种程度上表示虽然不满意，但依然表示自己的母校值得推荐。

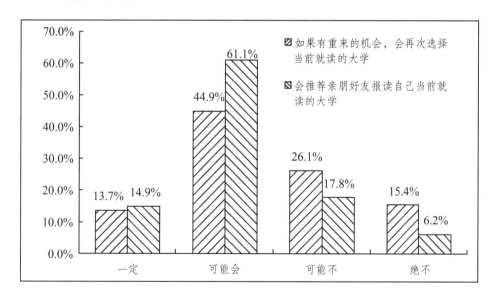

图 105 学生对学校的重选度和推荐度

三、直接感觉的满意度

对学校整体的感觉，如图 106 所示，22.5%的受访学生表示很满意，41.0%的学生表示比较满意，表示满意的学生的比例为 29.3%，不满意和很不满意的学生合计比例为 7.2%，学生对学校整体的感觉，相对可以。

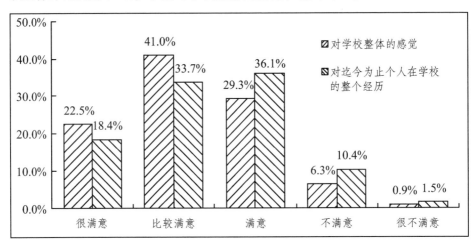

图 106 学生对学校直接感觉的满意度

迄今为止个人在学校的整个经历而言，比感觉要具体一些，整体上满意的比例要低于对学校的感觉，表示很满意的学生比例为 18.4%，比较满意的为 33.7%，满意的比例为 36.1%；不满意和很不满意的学生比例为 11.9%，高于对学校整体的感觉。

四、课程满意度

课程满意度主要由与专业教学质量相关的 4 个指标组成，如图 107 所示，总体上满意度均较高。

对所学专业，22.9%的学生表示很满意，34.7%的学生表示比较满意，满意的学生为 31.3%，不满意和很不满意的学生比例只有 11.2%。

就整体的教学质量而言，20.2%的学生表示很满意，33.4%的学生表示比较满意，满意的比例 36.7%，略低于对所学专业的满意度。

与任课教师的交流联系情况，19.7%的学生表示很满意，29.4%的学生表示比较满意，表示满意的比例为 37.3%。

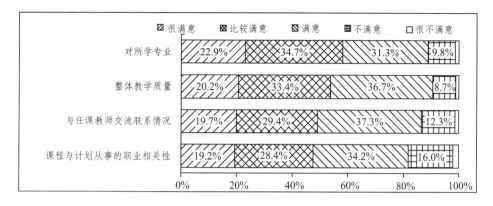

图 107　学生对学校课程的满意度

学校开设课程与未来从事职业的相关性,19.2%的学生表示很满意,28.4%的学生表示比较满意,34.2%的学生表示满意,但不满意和很不满意的学生比例合计为 18.2%,显著高于其他的指标。

从很满意和比较满意的比例看,对所学专业满意的学生比例最高,达57.6%,学生对所学专业不满意的原因,除了非个人兴趣的原因,与其他指标也有关系。

"课程与计划从事的职业的相关性"指标表示非常满意和比较满意最低,只有 47.6%;其次"与任课教师交流联系情况"和"整体教学质量"占的比例分别为 49.1%、53.6%,均有提高的需要和空间。

五、软环境满意度

本报告将校园软环境分解为 4 个方面,体现为 4 个调查指标,其实是相对第一课堂的"隐形课堂",对学生的成长和发展的影响不亚于第一课堂,从校园活动中受益的不仅仅是直接参与的学生,还有间接受到熏陶的学子。结果如图 108 所示。

对个人所在的学生群体,28.4%的学生表示很满意,34.4%的学生表示比较满意,31.3%的学生表示满意,三者合计达 94.1%。

对多样化思想的包容性,22.7%的学生表示很满意,29.9%的学生表示比较满意,35.8%的学生表示满意,三者合计达 88.4%。

校园活动的熏陶效果,21.1%的学生表示很满意,29.3%的学生表示比较满意,33.7%的学生表示满意,三者合计达 84.1%。

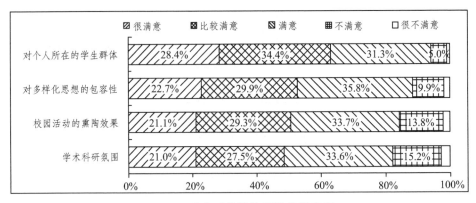

图 108　学生对学校软环境的满意度

学术科研氛围方面，21.0%的学生表示很满意，27.5%的学生表示比较满意，33.6%的学生表示满意，三者合计只有82.1%。

软环境满意度指数平均为 72.3，相对来说比较高，表明学校的软环境对人才培养较有效果。

从对个人所在的学生群体看，只有5.9%的学生表示不满意，满意度越高，学生之间和谐相处的可能性越大。

对学术科研氛围表示满意和比较满意的只有 48.5%，应加强以提高学生的科研学术创新能力为目标的学术活动，增强学术科研氛围的育人功能。

六、生活服务满意度

生活服务满意度指数的均值只有 63.7，相对其他满意度分项指数最低，明显低于总体满意度指数和其他指标，居倒数第一位；标准差达 19.7，是所有分项指数里最大的，表明学生对学校生活服务的满意度差异非常大，不同学生的感受均不一样。就具体的指标而言，学生表示满意的比例明显低于其他项目，如图 109 所示。

对校园治安表示很满意的学生比例为 18.3%，比较满意的比例为 24.5%，两者合计占比 42.8%，而表示不满意和很不满意的学生比例，合计为 19.2%。

对校园网络服务水平表示很满意和比较满意的学生比例分别为 16.6%和21.5%,两者合计为 38.3%，而表示不满意和很不满意的学生比例分别为 22.1%和 9.4%，不满意比例合计达 31.5%，不满意和满意之间的比例差别最小。

对医疗保健服务表示很满意和比较满意的学生比例分别为 15.1%和20.1%,反之，不满意和很不满意的比例分别达 21.4%和7.4%，合计达 28.8%。

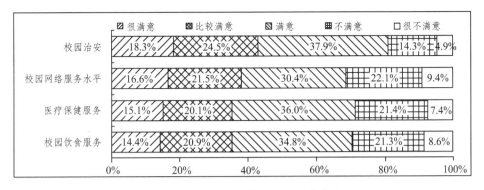

图 109 学生对学校生活服务的满意度

　　校园饮食服务的满意度水平最低。对校园饮食服务表示很满意的学生只有 14.4%，表示比较满意的学生比例为 20.9%，在 4 项生活服务里面，比例最低；表示不满意和很不满意的学生比例分别为 21.3% 和 8.6%。

　　所谓众口难调，学生家庭生活水平差异悬殊，对校园生活服务的感知也各不相同。生活服务满意度指数相对较低，有三个原因，一是当前大部分学生出生在 80 年代末 90 年代初，家庭生活水平整体较高，学生期望高；二是对这些日常生活服务学生的感觉非常直接和明显，感受容易突出；三是网络存在"健康管制"，在学生的自控力有限的时候，难以调和。

七、对教师的满意度

　　就接触过的学校教师，学生的总体评价在满意度各维度中相对最高，达 78.1，从构成教师满意度的 6 个指标看，学生表示很满意和比较满意的比例，合计均在 6 成到 7 成之间，如图 110 所示。

　　对教师敬业精神表示满意的学生比例最高。34.2% 的学生表示很满意，33.5% 的学生表示比较满意，而不满意和很不满意的比例合计只有 3.3%，基本可以忽略不计。

　　对教师的道德品质，学生依然给出了很高的评价，33.2% 的学生表示很满意，34.9% 的学生表示比较满意，而不满意和很不满意的比例合计只有 2.5%，基本可以忽略。

　　教师尊重关心学生方面，学生的满意度略有降低，但表示很满意和比较满意的学生比例还是很高，分别达 29.7% 和 33.4%，不满意的比例略有上升且相对其他指标比例最高，合计为 5.9%。

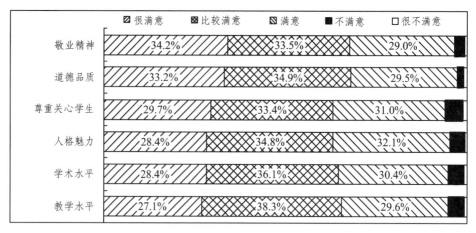

图 110　学生对教师的满意度

对教师人格魅力的评价方面，28.4%的学生表示很满意，34.8%的学生表示比较满意，不满意和很不满意的学生比例合计为4.7%。

28.4%的学生很满意教师的学术水平，比较满意的比例达36.1%，相应的不满意的比例合计只有5.1%。

总体上，在"很满意"和"比较满意"的层面，学生对师德师风方面的满意度高于对教师的能力和水平相关指标的满意度，数据表明"敬业精神"最高，"教学水平"最低。

从图 111 可以看出教师与学生互动情况。学生与教师双方互动总体评价偏高，但随互动难度指数增大其频率降低。

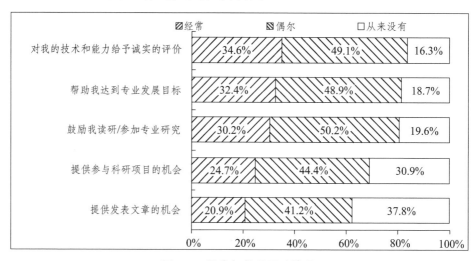

图 111　学生与教师互动情况

八、满意度的影响

（一）从重选角度看

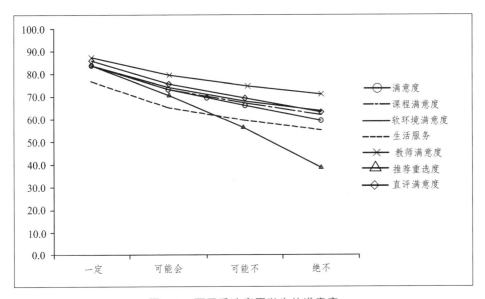

图 112　不同重选意愿学生的满意度

　　如果有重新选择的机会，您还会填报目前就读学校的志愿吗？按照其可能性，调查时提供了 4 种选择，不同选择的学生满意度如图 112 所示：学生的重选意愿，与满意度呈正相关：满意度越高的学生，越有可能重选当前就读的学校。

　　为了避免重选指标对结论的影响，我们单独考察其他各分项满意度。图 112 显示了各分项满意度与重选意愿之间的正相关关系：随着重选意愿的降低，满意度指数也随之降低。

1. 重选意愿的性别差异

　　如图 113 所示，表示一定会重选当前就读学校的男生为 14.8%，女生为 12.2%，男生略高。

　　表示可能会重选当前就读学校的男生为 44.8%，女生比例为 44.9%，持平。

　　表示可能不重选当前就读学校的男生比例为 23.4%，显著低于女生的 29.7%。

　　而表示绝不重选的男生比例达 16.9%，女生为 13.3%，男生高出女生 3.6个百分点。

就性别看，男生和女生对学校的重选度，基本没有差别，但表示绝对不会的比例，高于绝对会的比例。

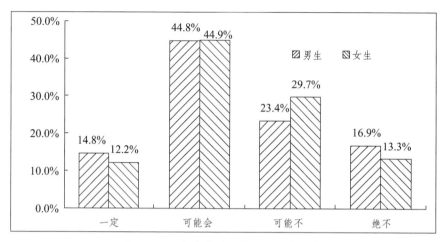

图 113 男生女生对学校的重选度比较

2. 党员学生的重选意愿更高

党员学生不仅满意度明显高于非党员学生，如果有重来的机会，党员学生较非党员学生有更强的意愿选择当前就读的学校，如图 114 所示。

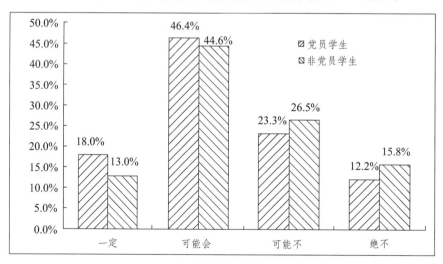

图 114 党员和非党员学生对学校的重选度比较

18.0%的学生党员表示"一定"会重选当前就读的学校，而非党员学生只有 13.0%，前者比例高出后者 5%，差异显著。

大部分学生表示可能会选择。其中，党员学生比例为 46.4%，而非党员学生比例为 44.6%，略低于前者。

可能不的学生占 1/4 左右。党员学生可能不选的比例为 23.3%，非党员学生的比例为 26.5%，高出前者 3.2%。

表示"绝不"选择当前就读学校的学生，党员学生比例为 12.2%，非党员学生为 15.8%，两者相差 3.6%，差异比较明显。

3. 独生子女家庭学生重选意愿更高

总体上，如果有重来的机会，独生子女家庭的学生，重选当前就读学校的意愿更高，如图 115 所示。独生子女家庭的学生，17.7%表示"一定"会重选当前就读的学校，非独生子女家庭的学生只有 10.9%，两者相差 6.8%。

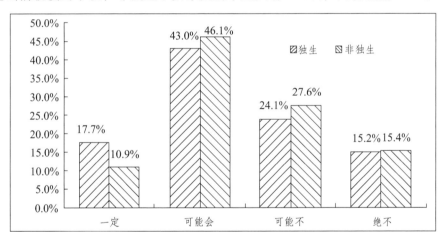

图 115　独生和非独生家庭学生对学校的重选度

"可能会"选择当前就读学校的独生子女家庭学生，比例为 43.0%，相应的非独生子女家庭学生比例为 46.1%，两者略有差异，但都是选择比例最高的选项。

独生子女家庭学生，"可能不"选择当前就读学校的比例为 24.1%，"绝不"的比例为 15.2%。

非独生子女家庭学生，"可能不"选择当前就读学校的比例为 27.6%，"绝不"的比例为 15.4%，合计高出独生子女家庭学生 3.7%。

4. 按志愿专业录取的学生重选意愿更高

调查将受访学生按照其当前所学专业的录取情况，分为按自己所报志愿录取（非调剂录取）和非志愿录取（调剂录取）两类。总体上，非调剂录取的学生，其重选当前就读学校的比例显著高于调剂录取的学生，如图116所示。

表示"一定"重选当前就读学校的学生比例，非调剂录取的为15.5%，调剂录取的为8.6%，后者显著低于前者，差6.9%。

相应的，"可能会"重选当前就读学校的学生，非调剂录取的学生比例为45.9%，调剂录取的学生比例为41.9%，相差4%。

与前述"一定"会、"可能会"的意愿相反，"绝不"会重选和"可能不"重选的比例，调剂录取的学生分别为21.5%、28.0%，分别高出非调剂录取学生2.6%和8.3%，对比非常鲜明。

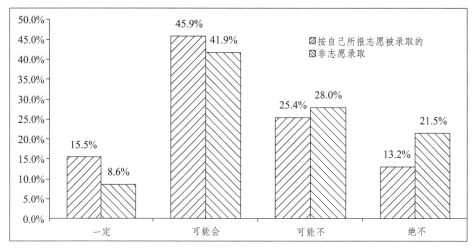

图116　专业调剂与非调剂学生对学校的重选度

5. 省会及以上城市家庭学生重选意愿更高

按生源地看，如图117所示，家庭所在地在为省会及以上城市的学生，如果有重来的机会，一定会再选当前就读学校的学生比例为22.6%，显著高于地区市的16.8%和县城及以下的11.7%。

45.6%的家庭所在地为县城及以下学生，表示可能会重选当前就读的学校，而来自地区市的学生比例为43.3%，省会及以上城市的为42.2%，相互之间差异比较小。

表示可能不会重选的学生，家庭来自县城及以下的学生比例为27.2%，地区市为24.8%，省会及以上城市为21.2%；相应的，表示绝不重选的学生比例，三者依次为15.5%、15.1%和14.0%。

　　尽管来自县城及以下地域的学生表示可能会重选当前就读学校的比例最高，但由于相互间差异非常小，不足以改变基本趋势：省会及以上城市家庭的学生更有可能重新选择当前就读的学校。

　　考虑省会及以上城市独生子女家庭比例更多（假设），生源的地域差别与家庭之间可能存在一定的相关性。为何大城市家庭的学生，其满意度更高，重选和推荐的意愿更强有待进一步研究。

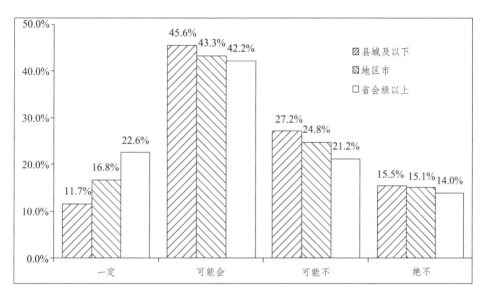

图 117　不同地域（生源地）学生对学校的重选度

（二）从推荐亲朋报考角度看

　　推荐的含义：您会推荐亲朋好友报考您现在的大学吗？按照其可能性或者意愿，同重选当前就读学校一样，提供了 4 种选项，不同选项的学生的推荐度如图 118 所示：随着推荐意愿的降低，学生的满意度随之下降，呈正相关的关系。即满意度高的学生，更有可能主动为学校宣传，并推荐亲朋好友报考自己当前就读的大学。

1. 推荐意愿的性别差异

　　如图 119 所示，表示一定推荐的男生比例为 15.4%，相应的女生比例为 14.3%，差别轻微；表示可能会推荐的学生比例最高，男生为 59.5%，女生为 63.3%，女生略高于男生；可能不会推荐的学生比例，男生为 17.6%，女生为

18.0%；表示绝不推荐的比例，男生为 7.5%，女生为 4.4%。

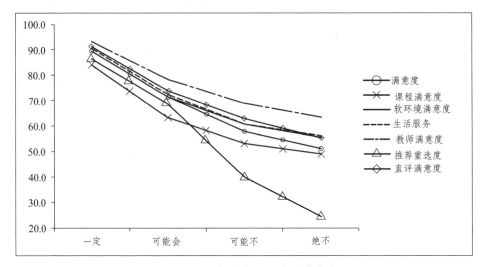

图 118 不同推荐意愿学生的满意度

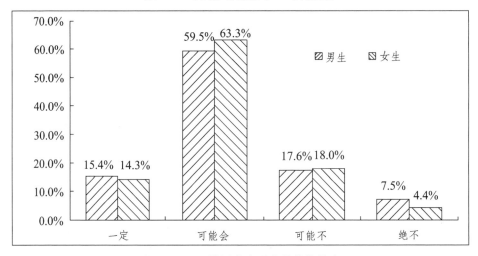

图 119 不同性别学生对学校的推荐度

总体上，女生的推荐意愿略高于男生，但从统计角度看，男生和女生两者的推荐意愿，差异并不显著。

2. 党员学生的推荐意愿更高

推荐亲朋好友报考自己就读大学的意愿，党员学生明显高于非党员学生，如图 120 所示。表示一定推荐的党员学生比例达 21.4%，非党员学生只有 14.0%。

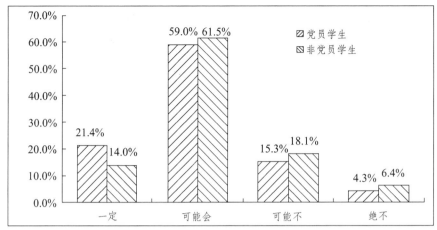

图 120　党员和非党员学生对学校的推荐度

可能会推荐亲朋报考目前就读大学的党员学生和非党员学生比例基本相当，前者为 59.0%，后者为 61.5%。

而表示可能不推荐和绝不推荐的非党员学生分别为 18.1% 和 6.4，均高于党员学生的 15.3% 和 4.3%。

3. 独生子女家庭学生推荐意愿更高

独生子女家庭学生推荐重选指数较非独生子女家庭高，体现在具体的推荐程度上，如图 121 所示。总体上，两者推荐的意愿均比较高。

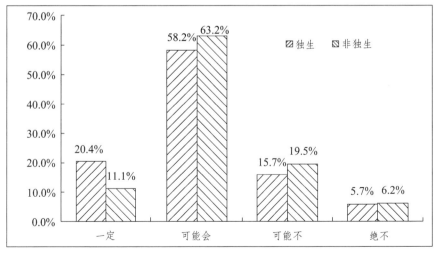

图 121　独生和非独生家庭学生对学校的推荐度

表示一定会推荐亲朋报考自己目前就读学校的独生子女家庭学生比例达

20.4%，而非独生子女家庭学生相应的推荐比例只有 11.1%，两者相差 9.3%；

表示可能会推荐的独生家庭学生比例为 58.2%，而相应的非独生子女家庭学生比例要高出前者 5%，达 63.2%，但不足以弥补"一定"推荐程度的差距；

可能不推荐亲朋报考自己目前就读大学的独生子女家庭学生比例为 15.7%，相应的非独生子女家庭学生为 19.5%；

表示绝不推荐的独生子女家庭学生，比例只有 5.7%，非独生子女家庭学生比例只有 6.2%，两者均比较低。

4. 按志愿专业录取的学生推荐意愿更高

如图 122 所示，总体上，可能推荐的学生比例居多，处于主流地位。学生当前就读专业按志愿录取的学生与调剂录取的两类学生之间差异，虽然没有独生子女家庭学生与非独生子女家庭学生、党员学生与非党员学生之间差异大，但两者差异依然显著。

表示一定推荐的学生，按自己所报志愿录取的学生为 16.3%，调剂录取的学生比例为 10.9%，前者高出后者 5.4%；

可能会推荐的学生，按志愿录取的学生比例为 62.2%，调剂录取的学生比例为 58.4%，前者高出后者 3.8%，与一定推荐的差异合计达 9.2%；

按志愿录取的学生，其可能不推荐及绝不推荐的比例分别为 16.7%和 4.9%，明显低于调剂录取学生的 21.4%和 9.2%。

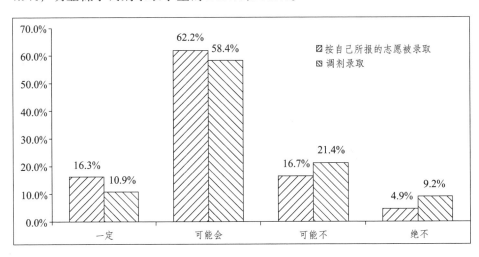

图 122 专业调剂与非调剂学生对学校的推荐度

5. 省会及以上城市学生推荐意愿更高

如图 123 所示，家庭处于县城及以下区域的学生，只有 12.3% 的学生表示一定会推荐亲朋报考自己目前就读的学校，远低于相应程度家庭所在地为地区市和省会及以上城市的学生，后两者相应的比例分别为 20.9% 和 22.0%。

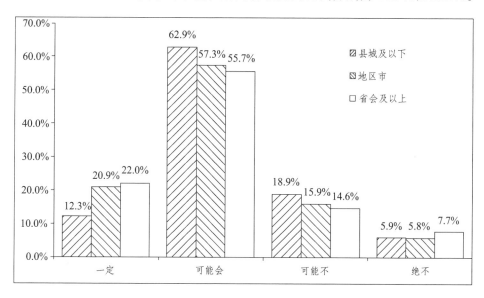

图 123　不同地域（生源地）学生对学校的推荐度

不过，就可能会推荐亲朋报考自己目前就读的学校而言，家庭所在地为县城及以下地域的学生比例为 62.9%，高于相应程度家庭所在地为地区市和省会及以上城市的学生，后两者相应的比例分别为 57.3% 和 55.7%。

可能不推荐和绝不推荐方面，家庭所在地为县城及以下地域的学生比例分别为 18.9% 和 5.9%；相应的地区市学生比例分别为 15.9% 和 5.8%，省会及以上城市学生比例分别为 14.6% 和 7.7%。

综合来看，家庭所在地为县城及以下地域的学生的推荐意愿要低于地区市、省会及以上城市的学生，但总体差异较小，后两者基本没有差别。

第七章 附 件

一、技术报告

（一）调查方法

本书作者多年从事西部高校大学生思想政治教育与管理工作，在长期的工作实践过程中思考的诸多问题形成了课题，然后综合参考国内外专家的相关研究成果，主要采用问卷调查法，设计了包含大学生生活形态与观念、就业观念、就业选择行为等学生工作内容相关的调查问卷，制作成在线问卷，在西部地区 10 所高校（学校非概率抽样，涵盖 985、211、普通本科高校）的本科生中进行了抽样调查。

调查获得问卷 8393 份，经过数据清洗整理，获得有效问卷 7772 份，有效样本量为 92.6%。后续的数据分析统计处理，均使用 SPSS20.0。

（二）抽样方法

在一所高校里面，学生可以按照性别、生源地、是否独生子女、学院、专业、班级、校区、宿舍楼等维度分成许多的小群体，不同群体之间相互交叉，如采用分层分组抽样，为取得有代表性的样本，不仅抽样方法复杂，而且样本的分布难以把握。因此，本书相关的问卷调查，采用了小总体规模的标准，进行分组抽样的方法。即以班级为单位，从中随机抽取 10% 的学生作答。

此方法的分组具有唯一性，且可以依托学生部门和学生干部进行调查。为了确保抽样的随机性。抽样之前，利用 Excel 软件的随机函数，设计了一个简单的随机抽样工具：辅导员、班主任或者班级学生干部打开抽样用的 Excel 文档，在特定单元格输入班级学生总数，会自动生成一列两位的随机整数，凡是学号末尾两位与该随机整数符合的学生，即为抽中的对象。考虑到拒答情况的存在，生成的随机数会多于班级学生数的 10%，某个学生拒答后，可以依次请取候补的选中学生作答。

由于四舍五入的原因，此抽样方法不能保证所有班级每个学生被抽中的概率完全一样，但由于抽样规模超过了小总体所要求的 7% 的门槛，抽取的样本同样具有足够的代表性，从续的信度和效度检验表明了这一点。

（三）信度和效度检验

1. 就业选择观念题项

就业选择观念共 16 个题项，Cronbach's Alpha 系数为 0.821，方差分析结果如表 34 所示，F 检验在 0.000 水平显著；折半信度如表 35 所示，部分 1 和部分 2 的 Cronbach's Alpha 系数分别为 0.841 和 0.807，达到 0.8 非常好的标准。相关效度也非常好（见样本分类结果如表 8 所示，个人价值型学生占 78.8%，追求个人价值的实现是学生的主流；其次追求单位外表型的学生占 11.5%；希望生活与工作兼顾生活安稳型学生最少，只占到样本的 9.8%。相关结果见表 34、表 35）。

表 34　就业选项观念题项方差分析及 F 检验结果

		平方和	df	均方	F	Sig
人员之间		17777.066	7477	2.378		
人员内部	项之间	9790.551	15	652.703	1531.039	0.000
	残差	47813.261	112155	0.426		
	总计	57603.813	112170	0.514		
总计		75380.879	119647	0.630		
总均值= 2.79						

表 35　就业选择观念题项折半信度

Cronbach's Alpha	部分 1	值	0.841
		项数	8[a]
	部分 2	值	0.807
		项数	8[b]
	总项数		16
表格之间的相关性			0.790
Spearman-Brown 系数	等长		0.883
	不等长		0.883
Guttman Split-Half 系数			0.882

a. 这些项为：为社会发展进步工作、薪酬和福利、企业文化、企业知名度、单位性质、企业规模、社会地位/声望、工作稳定性。

b. 这些项为：创新性和自主性、实现个人价值、发展机会和潜力、个人兴趣爱好、工作与生活的平衡、工作地点、工作舒适程度、专业是否对口。

2. 生涯发展观念题项

生涯发展观念共 11 个选项（多选题，排除"其他"选项，"其他"项的响应比例为 8.8%），Cronbach's Alpha 系数为 0.749，一般，属于可以接受的范围。方差分析及 F 检验结果见表 36，结果在 0.000 的水平上显著。

表 36　生涯发展观念题项方差分析结果

		平方和	df	均方	F	Sig
人员之间		2073.767	7540	0.275		
人员内部	项之间	4459.077	10	445.908	3120.078	0.000
	残差	10775.832	75400	0.143		
	总计	15234.909	75410	0.202		
总计		17308.676	82950	0.209		
总均值 = 0.30						

表 37　生涯发展观念题项折半信度

Cronbach's Alpha	部分 1	值	0.611
		项数	6[a]
	部分 2	值	0.599
		项数	5[b]
	总项数		11
表格之间的相关性			0.586
Spearman-Brown 系数		等长	0.739
		不等长	0.740
Guttman Split-Half 系数			0.732

a. 这些项为：个人能力、受教育程度、自我奋斗、经验、家庭背景、社

会关系。

　　b. 这些项为：权力、诚实、健康、机遇、金钱。

（四）数据处理

　　信仰有关的陈述语句全部使用里克特五级量表组成，核心信仰部分及具体价值观部分的等级为：完全同意、趋向同意、不同意不反对、趋向反对、完全反对，从 5 到 1 依次赋值；发展认知部分的等级为：非常乐观、比较乐观、说不清、比较悲观、非常悲观，从 5 到 1 依次赋值。

　　在数据探索中，发现信仰有关的变量之间，存在多重共线性，基于里克特量表为累积性量表的特点，对相关的变量数据分别进行加总处理，按分数段重新整合为几个新的变量，从而简化数据处理过程。

　　全部数据处理均使用 SPSS 完成。后期数据处理以对应分析为主。对应分析主要对名义变量和定序变量的多维频度表分析，探索相同变量的不同取值类别之间的差异，以及不同变量的不同取值类别之间的对应关系。

二、样本的基本情况

（一）性别

表 38　样本性别比例

		频率	百分比	有效百分比	累积百分比
有效	男	4438	57.1	57.1	57.1
	女	3330	42.8	42.9	100.0
	合计	7768	99.9	100.0	
缺失	系统	4	0.1		
合计		7772	100.0		

（二）年级

　　学生年级分布如表 39 所示。

表 39 样本年级分布

		频率	百分比	有效百分比	累积百分比
有效	大一	2562	33.0	33.0	33.0
	大二	2278	29.3	29.3	62.3
	大三	1927	24.8	24.8	87.1
	大四或者大五	1004	12.9	12.9	100.0
	合计	7771	100.0	100.0	
缺失	系统	1	0.0		
合计		7772	100.0		

（三）政治面貌

表 40 样本政治面貌

		频率	百分比	有效百分比	累积百分比
有效	中共（预备）党员	1053	13.5	13.6	13.6
	团员	6451	83.0	83.0	96.6
有效	民主党派成员	5	0.1	0.1	96.6
	群众	262	3.4	3.4	100.0
	合计	7771	100.0	100.0	
缺失	系统	1	0.0		
合计		7772	100.0		

（四）生源地

表 41 样本生源地情况

		频率	百分比	有效百分比	累积百分比
有效	省会城市及以上	580	7.5	8.2	8.2
	地区市	1487	19.1	21.1	29.3
	县城及以下	4977	64.0	17.3	61.0
	合计	7044	90.6	100.0	
缺失	系统	728	9.4		
合计		7772	100.0		

（五）是否独生子女

表 42　独生子女比例

		频率	百分比	有效百分比	累积百分比
有效	是	2888	37.2	41.0	41.0
	否	4156	53.5	59.0	100.0
	合 计	7044	90.6	100.0	
缺失	系统	728	9.4		
合 计		7772	100.0		

（六）父（母）最高学历

表 43　父（母）最高学历

		频率	百分比	有效百分比	累积百分比
有效	小学及以下	812	10.4	11.5	11.5
	初中	2656	34.2	37.7	49.2
	高中/中专/技校	2033	26.2	28.9	78.1
	大专	642	8.3	9.1	87.2
	本科	786	10.1	11.2	98.4
	研究生及以上	115	1.5	1.6	100.0
	合 计	7044	90.6	100.0	
缺失	系统	728	9.4		
合 计		7772	100.0		

（七）父亲职业

表 44　父亲职业身份（若已退休，以退休前为准）

		频率	百分比	有效百分比	累积百分比
有效	党政机关/社团/事业单位领导干部	376	4.8	5.4	5.4
	国有、集体企业管理人员	185	2.4	2.6	8.0

续表

		频率	百分比	有效百分比	累积百分比
有效	医生/教师/律师及其它专业技术人员	381	4.9	5.5	13.5
	事业单位正式职工/公务员	345	4.4	4.9	18.4
	民营企业主或股东	115	1.5	1.6	20.1
	国有、集体企业职工	470	6.0	6.7	26.8
	民营企业、外资企业职工	276	3.6	3.9	30.7
	个体从业人员	1280	16.5	18.3	49.0
	务农/进城务工人员	3118	40.1	44.6	93.6
	下岗职工	444	5.7	6.4	100.0
	合计	6990	89.9	100.0	
缺失	系统	782	10.1		
合计		7772	100.0		

（八）母亲职业

表45　母亲职业身份（若已退休，以退休前为准）

		频率	百分比	有效%	累积%
有效	党政机关/社团/事业单位领导干部	135	1.7	1.9	1.9
	国有、集体企业管理人员	123	1.6	1.8	3.7
	医生/教师/律师及其它专业技术人员	468	6.0	6.7	10.4
	事业单位正式职工/公务员	258	3.3	3.7	14.1
	民营企业主或股东	65	0.8	0.9	15.0

		频率	百分比	有效%	累积%
有效	国有、集体企业职工	387	5.0	5.5	20.6
	民营企业、外资企业职工	317	4.1	4.5	25.1
	个体从业人员	1219	15.7	17.5	42.6
	务农/进城务工人员	3198	41.1	45.8	88.4
	下岗职工	806	10.4	11.6	100.0
	合计	6976	89.8	100.0	
缺失	系统	796	10.2		
合计		7772	100.0		

三、图表目录